FiBL 瑞士有机农业研究所（FiBL）
IFOAM国际有机联盟
（IFOAM - Organics International）
编著

Organic and Beyond 正谷（北京）农业发展有限公司 译

2021年
世界有机农业概况与趋势预测

中国农业科学技术出版社

著作权合同登记号：图字01-2021-2010

图书在版编目（CIP）数据

2021年世界有机农业概况与趋势预测 / 瑞士有机农业研究所（FiBL），IFOAM国际有机联盟（IFOAM - Organics International）编著；正谷（北京）农业发展有限公司译. —北京：中国农业科学技术出版社，2021. 4

ISBN 978-7-5116-5276-8

Ⅰ. ①2… Ⅱ. ①瑞… ②I… ③正… Ⅲ. ①有机农业—农业发展—概况—世界—2021 ②有机农业—经济发展趋势—世界—2021 Ⅳ. ①F313

中国版本图书馆 CIP 数据核字（2021）第 062612 号

责任编辑 史咏竹
责任校对 贾海霞
责任印制 姜义伟 王思文

出 版 者 中国农业科学技术出版社
北京市中关村南大街12号 邮编：100081
电 话 （010）82105169（编辑室）（010）82109702（发行部）
（010）82109709（读者服务部）
传 真 （010）82106626
网 址 http://www.castp.cn
经 销 者 各地新华书店
印 刷 者 北京地大天成文化发展有限公司
开 本 787mm×1 092mm 1/16
印 张 11.75
字 数 257千字
版 次 2021年4月第1版 2021年4月第1次印刷
定 价 50.00元

This document has been produced with the support of the Swiss State Secretariat for Economic Affairs (SECO), the International Trade Centre (ITC), the Sustainability Fund of Coop Switzerland (Coop Fonds für Nachhaltigkeit) and NürnbergMesse. The views expressed herein can in no way be taken to reflect the official opinions of SECO, ITC, Coop Switzerland, or NürnbergMesse.

Should corrections and updates become necessary, they will be published at www.organic-world.net.

This book is available for download at http://www.organic-world.net/yearbook/yearbook-2021.html.

Any inquiries regarding this book and its contents should be sent to Helga Willer, FiBL, Ackerstrasse 113, 5070 Frick, Switzerland, e-mail helga.willer@fibl.org.

Please quote articles from this book individually with name(s) of author(s) and title of article. The same applies to the tables: Please quote source, title of table and then the overall report. The whole report should be cited as:

Willer, Helga, Jan Trávníček, Claudia Meier and Bernhard Schlatter (Eds.) (2021): The World of Organic Agriculture. Statistics and Emerging Trends 2021. Research Institute of Organic Agriculture FiBL, Frick, and IFOAM-Organics International, Bonn

Die Deutsche Bibliothek-CIP Cataloguing-in-Publication-Data A catalogue record for this publication is available from Die Deutsche Bibliothek

Research Institute of Organic Agriculture FiBL, Ackerstrasse113, 5070 Frick, Switzerland, Tel. +41 62 865 72 72, Fax +41 62 865 72 73, e-mail info.suisse@fibl.org, Internet www.fibl.org

IFOAM-Organics International, Charles-de-Gaulle-Str. 5, 53113 Bonn, Germany, Tel. +49 228 926 50-10, Fax +49 228 926 50-99, e-mail contact@ifoam.bio, Internet www.ifoam.bio, Trial Court Bonn, Association Register no. 8726

Language editing: Lauren Dietemann and Laura Kemper, FiBL, Frick, Switzerland

Cover: Simone Bissig, FiBL, Frick, Switzerland

Layout: Jan Trávníček, Bernhard Schlatter, Helga Willer, FiBL, Frick, Switzerland

Maps: Jan Trávníček, FiBL, Frick, Switzerland

Graphs (if not otherwise stated): Jan Trávníček, Bernhard Schlatter, Olivia Keller, FiBL, Frick, Switzerland

Infographics: Jan Trávníček, Kurt Riedi, FiBL, Frick, Switzerland

Printed by Plump Druck & Medien GmbH, Rolandsecker Weg 33, 53619 Rheinbreitbach, Germany

Price: 30 Euros, IFOAM-Organics International affiliates: 20 Euros

Printed copies of this volume may be ordered directly from IFOAM-Organics International and FiBL (see addresses above) or via the FiBL shop at shop.fibl.org

ISBN Print Version 978-3-03736-393-5

ISBN PDF Version 978-3-03736-394-2

Publishing company：Chinese translation rights arranged with China Agricultural Science and Technology Press Ltd，Beijing，China

《2021年世界有机农业概况与趋势预测》

翻译委员会

主　　任：张向东

副 主 任：张友廷　何小群　陈恩成　王玉斌
李　莉　乔玉辉　徐晓丽　刘　坤
许旦妮　邢建平　张婷婷　徐　新
张　铭　张建伟

执行主编：高鹏伟　张晓敏　姚韫喆

译　　者：赵惠娟　王玉斌　郑林莹　王晓彤
袁　勋　姚韫喆　李　婕　姜昊辰
任竹凌　张冰洁　刘文君　林　慧
王凯文　刘心童　何文芳　颜梦馨
张　锐

顾　　问：欧阳喜辉　周泽江　王华飞　李国秋
游安君　夏兆刚　郝建强　王茂华
王启燕（Qiyan Wang-Mueller）
耿云霞　傅尚文　唐茂芝　卢振辉

本翻译项目由正谷有机农业基金支持。

Foreword from FiBL and IFOAM-Organics International

We want to thank Organic and Beyond very much for their efforts to translate the yearbook "The World of Organic Agriculture" for the 10th time! This way, the study reaches a broad audience and contributes to the promotion of organic agriculture worldwide.

China is an organic market with continued growth of area and retail sales. China has the fourth largest market for organic food and beverages worldwide, and it is the country with the seventh-largest organic area.

We want to thank our partners in China, without whom we would not be able to report the latest trends in the country: Qiao Yuhui from the China Agricultural University and Zhou Zejiang, President of IFOAM Asia. Furthermore, we would like to thank our funders: the Swiss State Secretariat for Economic Affairs (SECO), the International Trade Centre (ITC), the Sustainability Fund of Coop Switzerland, and NürnbergMesse, who have been supporting the global data collection over the last years.

Data collection is a significant and constant concern of the Research Institute of Organic Agriculture FiBL and IFOAM-Organics International. This publication's comprehensive data serve as a valuable tool for stakeholders, policymakers, authorities, the industry, researchers, and extension professionals. The data and information compiled in this volume show the latest statistics, recent developments, and global organic farming trends.

The current volume represents the translation of the 22nd edition of "The World of Organic Agriculture", published in February 2021 and launched at the online edition of the organic trade fair BIOFACH, the BIOFACH eSPECIAL 2021. It took place from February 17 to 19, 2021.

Further information can be found on the FiBL statistics website (https://statistics.fibl.org), where key data and interactive tables and infographic are available. On Organic-World.net, all editions of "The World of Organic Agriculture" can be downloaded and further information, such as maps, presentations, can be found. Via the Twitter account @FiBLStatistics, we keep our readers informed about the latest data on organic farming.

Helga Willer, Jan Travnicek, Claudia Meier and Bernhard Schlatter
FiBL, Frick, Switzerland
Louise Luttikholt
IFOAM-Organics International

March 2021

译　文

诚挚感谢正谷（北京）农业发展有限公司在翻译世界有机农业统计年鉴工作中所做的诸多努力！2021年是该公司第十年翻译此年鉴，他们的工作使更多人能够了解有机农业，并且为推动世界有机农业的发展做出了重要贡献。

中国的有机市场生机勃勃，有机农地面积和有机食品（含饮料）零售额持续增长。如今，中国已经成为世界第四大有机市场，其有机农地面积位列世界第七位。

我们非常感谢中国的合作伙伴：中国农业大学的乔玉辉教授、亚洲有机联盟(IFOAM Asia)周泽江先生。有了他们的帮助，我们才能够在本书中把中国最新的数据呈现给大家。同时，也非常感谢我们的资助方：瑞士联邦经济事务秘书处（SECO）、国际贸易中心（ITC）、瑞士COOP可持续发展基金会和德国纽伦堡展会公司（NürnbergMesse），感谢他们多年来在全球数据搜集方面的支持。

数据搜集是瑞士有机农业研究所（FiBL）和IFOAM国际有机联盟（IFOAM-Organics International）非常重要的一项工作。本书可以看成一本有价值的工具书，其所提供的数据为利益相关者、政策制定者、政府管理机构、有机行业从业者、研究人员以及专业人员的工作提供了便利。在本书中汇编了最新的统计数据和信息，近期发展情况，以及全球有机农业的趋势。

《2021年世界有机农业概况与趋势预测》译自*The World of Organic Agriculture: Statistics and Emerging Trends 2021*，即2021年版的世界有机农业统计年鉴。此年鉴自2000年开始编写，已历经22载。2021年2月，本书在德国BIOFACH eSPECIAL国际有机食品线上展会正式发布。展会时间为2021年2月17—19日。

如果您有兴趣了解更多的信息，请登录FiBL网站https://statistics.fibl.org，这里提供了最新的数据和图表供您参考。www. Organic-World.net提供了历年英文原版世界有机农业统计年鉴的书籍信息，相关地图和报告也可以从该网站上查询。同时，我们的Twitter账号@FiBLStatistics会不断更新有机农业相关的最新数据。

Helga Willer，Jan Travnicek，Claudia Meier，Bernhard Schlatter
瑞士有机农业研究所
Louise Luttikholt
IFOAM国际有机联盟
2021年3月

坚定信心推动有机事业发展

自2000年起，瑞士有机农业研究所（FiBL）和IFOAM国际有机联盟（IFOAM-Organics International）在瑞士联邦经济事务秘书处（SECO）、世界贸易中心（ITC）、瑞士COOP可持续发展基金会和德国纽伦堡展会公司（NürnbergMesse）的支持下，开始编写世界有机农业统计年鉴，至今已是第二十二年了。2021年出版的这本书详细统计并分析了全球有机农业的生产概况，有机食品市场状况，标准、法规和政策的支持，以及欧洲、北美洲、亚洲、非洲、拉丁美洲和加勒比海地区、大洋洲的有机农业现状。通过这本书，可以了解有机农业在全球发展的全貌和趋势，尤其是全球的市场份额、有机农业用地类型、主要有机作物的数据统计，这些基础数据为全球的有机农业从业者、科研工作者，以及贸易、咨询、投资等领域的人员提供了参考。

中国有机农地面积为全球第七位，并已成为世界第四大有机市场，无论从生产、对外贸易还是国内消费上，中国都是一个有机农业大国，因此，也需要中国的有机从业者们，对全球的有机行业发展和趋势深入了解，以国际化的视野寻求共同发展。正谷（北京）农业发展有限公司（以下简称正谷）自2012年起，自发组织翻译此书，致力于将国际有机行业发展信息与中国有机农业从业者分享，并于2018年2月德国纽伦堡BIOFACH有机博览会期间，受到原书作者和发起者瑞士有机农业研究所和IFOAM国际有机联盟的高度赞扬，肯定了正谷10多年来为中国有机行业所做的贡献，将此书在中国的翻译权授予正谷。此书让有机农业在中国和全球的沟通中跨越了语言的鸿沟，到今年已经是第四年正式出版发行。

2020年是不平凡的一年，新型冠状病毒肺炎疫情让全球按下了暂停键，经济处于停滞甚至倒退状态，疫情让人们对环境、对人类未来的可持续发展有了更深的思考和觉醒，这也让有机行业从业者更加坚定了内心的那份坚持。2021年德国纽伦堡BIOFACH展会从线下转为线上，但行业从业者参与程度依然热度不减，很多国家的从业者都认为疫情加速了本国有机农业的发展。

我与正谷的相知要追溯到公司成立之初，那时董事长张向东刚从美国回来，开始创业从事有机农业，这14年来，中国的有机农业经历了从无到有的发展，每年以15%左右的速度在增长，正谷也始终如一地坚持有机农业实践的事业，很高兴见证了正谷团队10余年来的成长和为有机行业所做的贡献，相信广大有机同行和读者能从这本书中看到世界有机产业的活力和广阔前景，坚定从事和推动有机事业前进的信心，并向更多的从业者和朋友介绍和推荐此书。

中国农业大学资源与环境学院教授、博士生导师
中国生态学学会副理事长兼农业生态专业委员会主任
生物多样性与有机农业北京市重点实验室主任
农业生态研究所所长
吴文良
2021年3月23日

有机，更可持续的未来

有机农业的社会、环境、哲学价值越来越受到重视。有机农业四原则“健康（Health）”“生态（Ecology）”“公平（Fairness）”“关爱（Care）”，在解答有机农业本质的同时，也充分诠释了其在各个价值维度所具有的重要作用：始终将人类发展与自然生态环境发展作为不可分割的整体，生物的营养和健康来自特定的生态环境，个体与群体的健康与生态系统的健康密切相关。

由瑞士有机农业研究所（FiBL）和IFOAM国际有机联盟（IFOAM - Organics International）共同编著的*The World of Organic Agriculture*：*Statistics and Emerging Trends*，科学系统地调研、整理、统计并分析全球范围内的有机产业发展数据，一直以来被视作有机行业的权威专业书籍。自2000年起，该书每年一次整理汇编，对世界有机发展情况进行较为全面且客观地说明。

心有愿景　素履以往

作为IFOAM国际有机联盟（IFOAM - Organics International）全球合作伙伴，在IFOAM国际有机联盟和瑞士有机农业研究所的支持下，正谷自2012年起，持续推进中文版《世界有机农业概况与趋势预测》的翻译出版以及交流分享，期望为中国有机从业者带来了最前沿的全球产业信息，帮助关注有机行业的中方人士能够即时了解、跟进全球有机产业发展的步伐。

与此同时，正谷同联合国环境规划署（UNEP）、世界自然基金会（WWF）、IFOAM国际有机联盟（IFOAM - Organics International）、瑞士有机农业研究所（FiBL）、国家认证认可监督管理委员会等组织机构持续深入合作，共同推广可持续理念，推动国内有机行业发展。

呈上自然美味　表达美好情感

回顾2007年，正谷创立之初，中国的有机产业尚处于起步阶段，机遇与挑战并存。随着商业实践的不断推进，结合市场环境调整业务定位，最终确立以有机食品卡的形式，分享从田间到餐桌的环球优质有机食品，为客户提供专属礼品定制方案。

正谷团队以有机专业能力为保证，探寻世界范围内的优势产区，建立正谷标准合作农场，这是正谷为客户进行价值创造的基础。目前已在全球10多个国家的30多个优势产区从事有机生产实践，优质的食物通过正谷卡被分享：践行碳中和的黑巧克力、遵循有机生产的丹麦奶酪、生长环境被列入联合国教科文组织生物保护圈名单的伊比利亚黑猪火腿……

正谷全球价值链的建设，除了有利于不同国家和地区相互学习，提升有机农业生产技术，跟进国内外的行业情况和动向，同时也帮助人们从其他国家的文化、道德、社会意识等多个角度，全面看待人与自然、人与食物的关系，尊重各种生存际遇，关注地球环境的平衡发展。

通过有机食品礼品卡，我们持续与客户传递有机农业“健康、生态、公平、关爱”的内涵，以及更多的可持续发展理念，共同关注食物健康、重视环境保护、尊重动物福利、平等对待生产者的权益。

正谷目前拥有2万多个企业客户，累计配送服务于110多万个家庭，而正谷与客户产生链接的途径，是通过正谷卡。只有为客户创造价值，我们才有可能往前走。通过分享食物，表达对家人、对朋友的美好祝愿，呈上自然美味，表达美好情感，这也是正谷的首要使命。

致　谢

正谷的有机商业实践，离不开每一位老师、前辈、客户朋友的关注与支持。

感谢大家的分享与指导，帮助正谷坚定从事有机事业的决心、梳理事业奋斗的思路、厘清工作努力的方向。

感谢有机行业的老师们：周泽江、吴文良、肖兴基、郭春敏、李显军、杜相革、孟凡乔、乔玉辉、沈左锐、和文龙、车文毅、王大宁、顾绍平、何小群、王茂华、陈恩成、杨泽慧、唐茂芝、傅尚文、卢振辉、张纪兵、耿云霞、李国秋、陈丛红、张同贵、宋宁、石嫣、常天乐、李峰、Louise Luttikholt、Peggy Miars 、Urs Niggli、Helga Willer、Jennifer Chang、Markus Arbenz、Andre Leu、Niamh Holland-Essoh等。

感谢给予正谷支持的国内外有机组织机构与科研院所：IFOAM国际有机联盟（IFOAM-Organics International）、瑞士有机农业研究所（FiBL）、BIOFACH国际有机食品博览会、南京国环有机食品发展中心、中绿华夏有机食品发展中心、中国检验认证集团、中国农业大学、中国农业科学院等。

随着联合国2030年17个可持续发展目标的推进、中国2060年碳中和目标的建立，正谷将不断创造价值，不断努力以商业实践推进有机发展，以“有机食品礼品”表达关爱，关注食物健康，关注环境健康，关注人与自然的和谐相处。

Organics: better food, better future!

有机食品：呈上自然美味，表达美好情感。

正谷（北京）农业发展有限公司创始人、董事长

张向东

2021年3月30日

前言

自2000年始，国际权威有机农业研究机构瑞士有机农业研究所和IFOAM国际有机联盟开始开展对全球范围有机产业发展的调研和数据统计与分析，截至2021年，已连续22年发布世界有机农业统计年鉴。随着相关工作越来越规范，信息的来源也越来越多，数据的全面性和准确性不断增强，许多政府机构、科研院所、认证机构、社会组织、有机企业和相关媒体纷纷转载和引用，可以说世界有机农业统计年鉴已得到了全球有机界的充分肯定和认可。

世界有机农业统计年鉴的专业性与权威性是毋庸置疑的，非常有必要尽快翻译成中文并对外发布。正谷（北京）农业发展有限公司（以下简称正谷）有机农业团队自2012年起已连续10年在瑞士有机农业研究所和IFOAM国际有机联盟的支持下摘译并发布该统计年鉴的中文版。此项工作为我国的有机从业者带来了大量权威的全球产业信息，使关注有机行业的中方人士能够及时了解和跟上全球有机产业发展的步伐。

正谷公司董事长张向东先生非常重视本年鉴的翻译工作，连续10年拨款支持本年鉴的翻译、出版及推广，并强调时效性，才使得本年鉴中文版能够顺利出版发行，在此表示感谢！

《2021年世界有机农业概况与趋势预测》的翻译工作是在正谷有机农业技术中心同事们的主导下，由志愿者共同完成的。志愿者中有正谷的同事，也有对有机热爱的国内外伙伴：张友廷、高鹏伟、赵惠娟、张晓敏、姚韫喆、刘坤、许旦妮、邢建平、张婷婷、徐新、张铭、张建伟、郑林莹、王晓彤、袁勋、刘心童、何文芳、颜梦馨、张锐、田甜、安思静、申荣荣、张艺馨……在此一并感谢！

从2019年开始，中国农业大学经济管理学院博士生导师、国家农业农村发展研究院研究员王玉斌带领其团队参与了本书的翻译，2021年已经是连续第三年参与，在此感谢王玉斌研究员及李婕、姜昊辰、任竹凌、张冰洁、刘文君、林慧、王凯文等同学的积极参与。

感谢瑞士有机农业研究所的Helga Willer和Ecovia Intelligence的Amarjit Sahota先生，在IFOAM国际有机联盟、瑞士有机农业研究所和Ecovia Intelligence的支持下，正谷取得《2021年世界有机农业概况与趋势预测》中文翻译权，就是希望能够为进一步推动有机农业和有机产业的发展提供支撑和帮助。特别感谢瑞士有机农业研究所的王启燕（Qiyan Wang-Mueller）博士在双方的沟通中给与的支持与帮助。

感谢国家市场监督管理总局认证监管司刘卫军司长、薄昱民副司长、何小群和陈恩成对本书翻译工作的关注和大力支持。我们还要特别感谢亚洲有机联盟（IFOAM Asia）主席周泽江先生！感谢周老师长期以来的耐心指导和支持！

读者如需了解英文版信息，可登录FiBL网站（http://www.organic-world.net/yearbook/yearbook-2021.html）获取英文相关资料。

《2021年世界有机农业概况与趋势预测》翻译委员会

2021年3月2日

有机农业的发展原则

健康原则（The Principle of Health）

有机农业应当将土壤、植物、动物、人类和整个地球的健康作为一个不可分割的整体而加以维持和加强。

这一原则指出，个体与群体的健康是与生态系统的健康不可分割的，健康的土壤可以生产出健康的作物，而健康的作物是健康的动物和健康的人类的保障。

生态原则（The Principle of Ecology）

有机农业应以有生命的生态系统和生态循环为基础，与之合作、与之协调，并帮助其持续生存。

这一原则将有机农业植根于有生命的生态系统中，它强调有机农业生产应以生态过程和循环利用为基础，通过具有特定的生产环境的生态来实现营养和福利方面的需求。对作物而言，这一生态就是有生命的土壤；对于动物而言，这一生态就是农场生态系统，对于淡水和海洋生物而言，这一生态则是水生环境。

公平原则（The Principle of Fairness）

有机农业应建立起能确保公平享受公共环境和生存机遇的各种关系。

公平是以对我们共有的世界的平等、尊重、公正和管理为特征的，这一公平既体现在人类之间，也体现在人类与其他生命体之间。

关爱原则（The Principle of Care）

应以一种有预见性的和负责任的态度来管理有机农业，以保护当前人类和子孙后代的健康和福利，同时保护环境。

这一原则强调，在有机农业的管理、发展和技术筛选方面最关键的问题是实施预防和有责任心。

原文请详见IFOAM国际有机联盟官网http://www.ifoam.org/about_ifoam/principles/index.html

目　录

1 全球有机农业概况①

1.1 全球有机农业调查数据

全球有机农业最新数据显示，2019年对全球有机农业来说又是一个丰收之年。根据瑞士有机农业研究所（FiBL）对全球187个国家和地区的有机农业调查数据显示，有机农地面积和有机农产品零售额持续增长并达到了历史新高（2019年年底数据）。2020年的综合数据预计会显示新型冠状病毒肺炎（以下简称新冠肺炎）疫情对有机市场最初的影响，但是在撰写本书的时候尚未获得这些数据。2021年各国会提供2020年的数据，我们将在《2022年世界有机农业概况与趋势预测》中公布这些数据。

1.1.1 世界有机农地面积超过7 230万公顷，其中澳大利亚有机农地面积最大

2019年全球有7 230万公顷的有机农地（包括处于转换期的土地）。有机农地面

① 本章作者：Helga Willer、Claudia Meier、Bernhard Schlatter、Lauren Dietemann、Laura Kemper和Jan Trávníček；翻译：何文芳。

积最大的两个大洲分别是大洋洲（3 590万公顷，占世界有机农地面积的一半）和欧洲（1 650万公顷，23%）。拉丁美洲拥有830万公顷（11%），其次是亚洲（590万公顷，8%）、北美洲（360万公顷，5%）和非洲（200万公顷，3%）。世界上拥有有机农地面积最大的3个国家分别是澳大利亚（3 570万公顷）、阿根廷（370万公顷）和西班牙（240万公顷）（表1-1）。

表1-1　2021年发布的世界有机农业关键指标和主要国家/地区

指　标	世　界	主要国家/地区
具有有机认证数据的国家	2019年：187个国家	
有机农地	2019年：7 230万公顷 （1999年：1 100万公顷）	澳大利亚：3 570万公顷 阿根廷：370万公顷 西班牙：240万公顷
占所有农地份额	2019年：1.5%	列支敦士登：41% 奥地利：26.1% 圣多美和普林西比：24.9%
野生采集和非农业用地有机面积	2019年：3 510万公顷 （1999年：410万公顷）	芬兰：460万公顷 赞比亚：320万公顷 纳米比亚：260万公顷
有机生产者	2019年：310万人 （1999年：20万人）	印度：1 366 226人 乌干达：210 353人 埃塞俄比亚：203 602人
有机市场规模①	2019年：1 064亿欧元 （2000年：151亿欧元）	美国：447亿欧元 德国：120亿欧元 法国：113亿欧元
人均消费	2019年：14欧元	丹麦：344欧元 瑞士：338欧元 卢森堡：265欧元
拥有有机法规的国家数量	2019年：108个国家	
IFOAM国际有机联盟会员机构数量	2020年：719个会员机构	德国：79个会员机构 印度：52个会员机构 美国：48个会员机构 意大利：46个会员机构

数据来源：2021年FiBL调查。

注：①由于方法不同，Ecovia Intelligence和FiBL的有机食品销售数据存在差异。根据Ecovia Intelligence的数据，2019年全球零售额超过1 120亿美元。根据欧洲中央银行的数据，2019年1欧元相当于1.119 5美元。

1.1.2 全球范围内，有机农地占比为1.5%，其中列支敦士登的有机农地比例最高，为41%

目前，全球有1.5%的有机农业用地。在农业用地总面积中有机农地占比最高的两个大洲分别是大洋洲（9.6%）和欧洲（3.3%，其中欧盟有机农地占比为8.1%）。

一些国家的有机农地占比远高于全球水平：列支敦士登（41%）和奥地利（26.1%）的有机农地占比最高。有16个国家，其国内至少10%以上的农地是有机农地。

1.1.3 2019年全球有机农地面积增加110万公顷，增长率为1.6%

2019年全球有机农地面积增加了110万公顷，增长率为1.6%。许多国家有机农地面积显著增长，例如，印度（增长18.6%，超过36万公顷）和哈萨克斯坦（增长18.6%，近10万公顷）。

2019年，非洲、欧洲、拉丁美洲和北美洲的有机农地面积有所增加。亚洲（降幅7.1%，45万公顷）和大洋洲（降幅0.3%，近12万公顷）的有机农地面积有所下降。亚洲有机农地面积下降的主要原因是中国的有机农地面积减少了。有机农地面积增长最多的地区是欧洲（增长5.9%，90万公顷），其次是北美洲（增长9.1%，30万公顷）和拉丁美洲（增长3.5%，28万公顷）。

除了有机农业用地以外，还有部分有机土地归类在其他生产形式里，其中大部分为野生采集和养蜂业用地。其他非农业用地的生产形式还包括水产养殖、森林和天然牧场，面积为3 500万公顷，全部类型有机土地面积总计达到了1.074亿公顷。

1.1.4 大部分主要有机作物的面积有所增长

调查与统计中，取得了超过92%的有机农业用地的详细土地使用和种植情况。遗憾的是，一些拥有较大有机农地面积的国家，如巴西和印度，还缺少土地使用方面的详细信息。

超过2/3的有机农业用地是草原或牧区，这部分土地面积在2019年增长了1.2%。

季节性作物农地面积为1 260万公顷，占有机农业用地面积的17%。自2018年以来，季节性作物农地面积下降了3.7%，主要原因是中国有机季节性作物面积的减少。大部分季节性作物用地被用来种植水稻（510万公顷）、其次是青饲料（约320万公顷）、油料作物（170万公顷）、干豆类和蔬菜。

根据纺织品交易所数据，2017—2018年有机棉产量以惊人的速度增长了56%，2018—2019年又持续增长了31%。全球有机棉产量达到239 787吨。预计2019—2020全球有机棉的产量将会继续保持增长趋势，增长幅度为10%左右。从全球范围来看，2018—2019年有来自19个国家的约222 134名农民在418 935公顷的认证土地上种植有机棉。

多年生作物用地占有机农业土地的7%，总面积超过470万公顷。与之前的调查相比，增加了1.7万公顷，增长了0.4%。占比最高的多年生农作物是橄榄，种植面积近90万公顷（19%），其次是咖啡（超过70万公顷，15%）、坚果（超过60万公顷，13%）、葡萄（50万公顷，10%）和可可（近40万公顷，8%）。

1.1.5 有机生产者数量在增加，2019年有310万名有机生产者

2019年，全球至少有310万名有机生产者。其中，51%的有机生产者分布在亚洲，其次是非洲（27%）、欧洲（14%）和拉丁美洲（7%）。有机生产者最多的3个国家分别是印度（1 366 226人）、乌干达（210 353人）和埃塞俄比亚（203 602人）。与2018年相比，有机农业生产者数量增加了近34.7万人，增长了12.5%。

1.1.6 全球有机市场销售额已超过1 000亿欧元

根据FiBL调查数据，2019年全球有机食品和饮料的销售额超过1 060亿欧元。在2019年，拥有最大有机产品市场的国家分别是美国（447亿欧元）、德国（120亿欧元）和法国（113亿欧元）。最大的单一市场是美国（占全球市场的42%），其次是欧盟（414亿欧元，39%）和中国（85亿欧元，8%）。2019年全球有机食品人均消费最高的国家是丹麦，达到344欧元。有机市场份额占比最高的国家是丹麦（12.1%）、瑞士（10.4%）和奥地利（9.3%）。

1.1.7 新冠肺炎疫情对全球有机食品市场的影响

尽管北美洲和欧洲拥有全球最大的有机食品市场销售额，但是它们在全球市场中的占比正在缩小。预计新冠肺炎的疫情加上全球各地更多有机市场的发展，北美洲和欧洲市场缩小趋势将会进一步加快。特别是对中国、印度、巴西、印度尼西亚等发展中国家来说，未来几年其有机食品市场将会以较高的速度增长。2020年春季暴发的新冠肺炎疫情对我们的日常生活和有机食品产业都有着深远的影响。随着人们对自己的个人

健康、身体状态和营养越来越关注，消费者正在转向选择有机食品。后新冠肺炎疫情时代，食品产业的转变对有机产业的发展是有利的。新冠肺炎疫情以各种方式影响着有机农业进一步发展的趋势，这可能会改变全球有机食品产业。这些变化包括食品供应链的去全球化、日益增长的食品安全重要性、更多的政府支持、食品供应的可溯性和透明性发展、正在改变的消费习惯、网络零售的重要性。

1.1.8 欧盟有机产品进口

欧盟作为第二大有机市场，提供了有机产品进口、展销数据，并且首次提供了主要进口产品和进口国家的数据。2019年，欧盟共进口320万吨有机农产品。热带水果（新鲜水果或果干）、坚果和香料进口量最大，总计885 930吨，占总进口量的27.3%。其次是豆饼、除大米和小麦以外的谷物、大米和小麦。中国是欧盟最大的有机农产品供应国，向欧盟出口了农产品433 705吨，占欧盟有机产品进口总量的13.4%。乌克兰、多米尼加和厄瓜多尔各占欧盟有机产品进口总量的10%。

1.1.9 标准、法规和政策支持

根据IFOAM国际有机联盟对相关标准和立法情况的调查，2020年有72个国家全部实施有机产品法规。22个国家已有有机产品法规，但未完全实施，14个国家正在起草相关法案。在这些国家中，马达加斯加和埃及新通过了有机产品法规。欧盟和美国正在大幅修改其现有的有机产品法规。2020年，菲律宾和秘鲁对其现有法规做出了重大修订。

参与式保障体系（PGS）是面向本地的质量保证体系，并被认为是第三方认证的低成本替代方式，以及开发当地市场有机农产品的有效工具，尤其适用于小规模农户。尽管因为2020年新冠肺炎疫情的影响造成了很多困难，但是全球范围内参与PGS计划的数量和被其认证的有机农业生产者的数量一直在增加。这代表着当今在许多国家中PGS已成为一种完善的有机农业保障体系。PGS计划和认证的有机农业生产者数量增加的总体趋势保持不变。IFOAM国际有机联盟的PGS数据库中记录了77个国家/地区的235个PGS计划，至少1 153 220名有机农业生产者参与其中。这些有机农业生产者中，有1 110 964名获得认证。据估计，这些有机农业生产者管理着超过75.5万公顷的土地（并非所有PGS计划和国家都拥有PGS认证的有机管理区域）。

德米特国际（Demeter International）提供的统计数据显示，在全球62个国家/地区

有超过4 400名农民和20多万公顷的土地以德米特标准进行管理（截至2020年7月）。德米特国际成立于1997年，目前有来自欧洲、美洲、非洲、新西兰和印度的19名成员和4名客座成员。

在促进有机产品生产和消费方面，有机部门尤其喜欢采用可持续的公共食品采购政策和适用于公共机构食品和餐饮服务的标准。这些措施可以依照有机农业的准则，将购买力向支持环境、健康和社会经济目标转移。许多例子表明，公共食品采购可以协助创造一个新且稳定的有机产品市场，从而刺激饮食习惯的改变以及促进有机农业的转变。

1.2 各地区有机农业概况

1.2.1 非　洲

2019年，非洲通过有机认证的农地面积超过200万公顷。与2018年相比，增加了177 054公顷，增长了9.5%。非洲至少有85万名有机生产者。突尼斯是非洲有机农地面积最大的国家（2018年有近28.7万公顷），而乌干达拥有数量最多的有机生产者（超过21万人）。有机农地占比最高的国家是圣多美和普林西比，该国24.9%的农地均为有机农地。非洲绝大部分的有机认证产品用于出口，主要有咖啡、橄榄、可可、坚果、油料作物和棉花。在非洲，有5个国家已拥有有机农业相关法规，5个国家正在起草有机法规，6个国家拥有国家标准，但是并没有相关有机法规。

2020年，非洲生态有机农业倡议（EOA-I）取得了许多成就，其地理覆盖范围继续扩大，卢旺达成为第九个参与生态有机农业倡议的国家。东非和西非9个国家的合作伙伴都采用了EOA-I的价值链和市场开发方法。目前一个重要的项目是构建一个非洲有机农业知识中心，其目的是确保西非、东非、北非和南非也能在中非建立知识中心。这些知识中心已经成功地作为一种与非洲的参与者一起促进非洲有机农业的创新策略而被引进。非洲有机网（AfrONet）作为非洲有机运动和有机部门发展的监管机构，旨在支持和加强国家、地区和整个非洲大陆的连接，监督非洲生态有机农业倡议的发展。AfrONet利用非洲有机会议的平台，把所有的网络、伙伴和其他利益相关者连接起来。第五届非洲有机农业会议将于2021年11月在摩洛哥马拉喀什召开。另外，第六届西非有机农业会议将于2021年10月13—16日在布基纳法索举行。

1.2.2 亚 洲

2019年，亚洲有机农业用地总面积超过590万公顷，有140万有机农业生产者，其中大部分在印度。亚洲有机农地面积最大的国家是印度（230万公顷）和中国（超过220万公顷）。东帝汶的有机农地占比最高（8.5%）。有21个国家拥有有机农业法规，还有7个国家正在起草相关法规。

Hossain等专家指出，同世界其他地区一样，亚洲由于新冠肺炎疫情的影响受到了沉重的打击。随着传统市场的关闭，学校、办公室和其他机构的关闭，整个供应链的利益相关者都受到了各种影响。然而，许多亚洲国家找到了缓解疫情影响的方法，表现出了很强的恢复力。在韩国，学校的关门意味着学校餐饮的取消，这原本是很多有机农产品种植者重要的收入来源。但是韩国成立了一个应对新冠肺炎疫情的对策委员会，给超过6 000名自我隔离的人们提供了数以千计的对环境友好的农产品做成的餐食，从而使这一损失得以有效缓解。日本改进了他们的农业和管理基本规划，目标是在2030年将有机农民和有机土地的数量翻3倍。印度尼西亚第四期国家中期发展规划（2020—2024年）将增加有机农业相关的政策。菲律宾通过修订《2010年有机农业法》在有机农业方面取得了里程碑式进展，其中包括在国家有机标准下的参与式保障体系。

2020年，亚洲有机联盟（IFOAM Asia）扩大了与成立五周年的亚洲有机农业地方政府（ALGOA）的连接活动。第六届ALGOA峰会将会是一个历史性的时刻，因为ALGOA主动与国际生态区域网络和其他欧洲伙伴建立了联系，并发起了全球有机地区联盟（GAOD）。另一项重要的活动是，亚洲有机青年论坛主动在全球发展有机青年网络，并且在2020年9月发起了青年有机全球网络。

1.2.3 欧 洲

截至2019年年底，欧洲有超过43万名有机生产者（欧盟超过34.4万名）管理着1 650万公顷的有机农业用地（欧盟为1 460万公顷）。欧洲有机农业用地占3.3%（欧盟为8.1%）。与2018年相比，有机农地面积增加了超过97万公顷。欧洲有机农地面积最大的国家是西班牙（240万公顷）、法国（220万公顷）和意大利（200万公顷）。有12个国家的有机农地比例超过10%，列支敦士登居首位（41%），其次是奥地利（26.1%）和爱沙尼亚（22.3%）。2019年，欧洲有机产品零售总额为450亿欧元（欧盟为414亿欧元），比2018年增长了8%。2019年欧洲最大的有机产品市场是德国，零售额为120亿欧元，其次是法国（113亿欧元）和意大利（36亿欧元）。

2019年12月，欧盟委员会公布了《欧洲绿色协议》（*European Green Deal*），这是一项新的增长战略，旨在通过成为一个现代化的、资源高效的经济体，使欧洲成为第一个气候中立的大陆。2020年4月公布的从农场到餐桌（F2F）战略，是《欧洲绿色协议》的一部分，其中包括到2030年将欧盟有机农业用地总量增加到至少25%的目标，以及大幅增加有机水产养殖。作为F2F战略的一部分，欧盟委员会承诺修订欧盟的农业和食品促进计划，以加强其对可持续生产和消费的作用。

1.2.4 拉丁美洲和加勒比海地区

2019年，拉丁美洲和加勒比海地区有近22.4万名有机生产者管理着超过830万公顷的农业土地，该面积占整个地区农地总面积的1.2%，世界有机农地总面积的11%。该地区拥有有机农地最多的国家是阿根廷（370万公顷）、乌拉圭（210万公顷）和巴西（130万公顷）。有机农地占比最高的国家（地区）是乌拉圭（15.3%），其次为法属圭亚那（11.3%）和多米尼加（5.5%）。许多拉美国家依然是有机产品（如咖啡、可可和香蕉）的重要出口国。在阿根廷和乌拉圭，温带水果和肉类为重要的出口商品。此地区19个国家拥有有机农业相关法规，2个国家正在起草有机法规。巴西拥有拉丁美洲最大的有机产品市场。与亚洲相似，该地区有机产品的需求来自正在增长的中产阶级，他们倾向于寻求健康、营养的食品。

在过去的20年里，有机农业得到了很大的发展，特别是那些有组织的专门用于出口的家庭农场，他们的主要贸易对象是欧盟、美国、加拿大和日本。咖啡、可可、热带水果（香蕉、杧果）、生姜、姜黄和安第斯谷物的有机产量尤为突出。最值得注意的是芳香可可和巧克力产业，基于本地的优势资源，该产业发展出了一条完整的价值链，可可种植者组织尤其注重最终产品的质量。2020年，智利与巴西之间《有机产品谅解备忘录》的实施取得了令人瞩目的进展。墨西哥主管部门SENASICA也正在与其主要贸易伙伴美国、加拿大和欧盟制定互认协议。这种互认协议可以使拥有墨西哥有机标志的有机产品能够流通到世界上最有竞争力的有机市场。

美洲有机农业委员会（CIAO）由该地区控制有机农业的主管部门组成，是于2008年7月成立的一个技术实体，旨在促进美洲各国的有机农业和有机贸易发展。2020年5月，CIAO与IFOAM国际有机联盟签署了《谅解备忘录》，以加强各个组织之间的合作。自2019年以来，CIAO和FiBL一直在合作收集有机生产的统计数据。

1.2.5 北美洲

2019年，北美洲以有机方式管理的农地面积约为360万公顷，其中美国有机农地面积为230万公顷，加拿大为130万公顷。该地区有机农地占全部农地面积的0.8%。

美国有机食品市场和非食品有机市场创下了新纪录。有机食品销售额达到501亿美元（约447亿欧元），比2018年增长了4.5%。非食品有机产品的销售额跃升8.7%，达到60亿美元。目前美国销售的食品中有6%是有机食品。

尽管还没有获得2020年的数据，但我们预计2020年的新冠肺炎疫情对美国的有机产业产生了巨大的影响。随着消费者更注重为家人提供健康、清洁的食物，有机食品成为家庭消费的最佳选择。由于餐馆关闭，消费者继续在家中用餐，新鲜有机农产品的需求量从3月开始大幅增长。实际上，有机农产品网络预测2020年新鲜农产品销售将会有两位数的增长。在前三个季度中新鲜水果和蔬菜的销售平均同比增长18%。另一个值得注意的进展是有机贸易协会推出了“有机欺诈保护解决方案”计划和美国农业部出台的一套反欺诈培训措施。此外，美国农业部的国家有机计划（NOP）公布了加强有机执法和监督的建议法规，以支持有机市场的持续增长，提高对供应链关键环节的监管。

加拿大的有机市场总额（包括食品和非食品商品）达到69.3亿加元（约47亿欧元），比2012年增长了35亿加元（约24亿欧元），复合年均增长率为8.7%。数据显示，2017年，通过主流零售商销售的有机食品和饮料的市场份额已从2.6%增长到3.2%。

加拿大最新的《有机绩效报告》概述了联邦、省和地区管辖区目前对有机方面的支持形式，并为各级政府提供了广泛的总结性建议。一项调查结果显示，尽管消费者对加拿大有机食品制度有很大的信心，加拿大有机食品标识的认可度也在不断提高，但由于省/地区一级缺乏全面的项目援助，使得省内贸易的省级应用标准处于混乱状态。联邦政府还需要提供有关生产、进口、出口和消费的更可靠和全面的数据，这些数据对于政府做出良好目标决策至关重要。

1.2.6 大洋洲

大洋洲包括了澳大利亚、新西兰和太平洋诸岛国等，共有约1.8万名有机农业生产者，管理着3 600万公顷的有机农地。该地区有机农地面积占农地总面积的9.7%，占世界有机农地的一半。该地区99%以上的有机农地分布在澳大利亚（3 570万公顷，大部分为广袤无垠的牧场），其次是新西兰（近8.9万公顷）和萨摩亚（超过4.1万公顷）。

在所有国家（地区）的农业用地中，有机土地占比最高的是萨摩亚（14.5%），其次是澳大利亚（9.9%）、斐济（5.5%）、瓦努阿图（4.5%），所罗门群岛（3.5%）和法属波利尼西亚（3.4%）。大洋洲有4个国家有关于有机农业的立法，有12个国家有国家标准但没有有机立法。

在澳大利亚，由于多年的干旱、夏季高温和大量干树叶之类的可燃物，有超过1 000万公顷的林地被烧毁。对有些受灾严重的地区来说，重建有机产业需要花费大量的时间，有些地区甚至损失了所有的果园和本地茶树种植园。很多种植者经营的种植园好几年都不会有产出。由于干旱和饲料短缺，2020年是澳大利亚至少10年来对有机干草和谷物需求量最大的一年。继完善出口监管体系之后，澳大利亚农业、水利和环境部部长于2020年12月要求其部门任命一个有机行业顾问团，以研究在全国范围内建立一个国内生产和销售有机产品的监管框架。该顾问团将审查国内现有的监管框架是否适合发展目标，并进一步了解改进现有法规以促进有机产业发展。

总体而言，太平洋地区的有机认证范围持续扩大，但是一些国家近些年有机认证的土地正在减少。这可能是因为自然灾害影响了一些多年生作物的生长（如椰子），导致被认证人延缓或是退出认证计划，直到他们再次种植该种作物。目前，政府越来越致力于创建一个支持性的政策环境。太平洋岛国的地区和国家机构以及发展伙伴日益认识到有机农业作为一种发展工具的价值。随着太平洋岛屿的旅游业和酒店业发展其有机和可持续品牌，预计有机产品的本地市场将继续扩大。

1.3 展　望

IFOAM国际有机联盟执行主任Louise Luttikholt表示，2020年将会因为全球新冠肺炎疫情被铭记，疫情的影响可能会持续更长时间。这场危机暴露了全球食品体系的脆弱性以及向可持续性和可恢复性的食品体系转变的重要性。在新冠肺炎疫情期间，食物几乎被视作药品一样。2021年联合国“食品系统峰会”，旨在“发起大胆而新颖的行动以改变世界生产和消费食品的方式”，全球是否会重视这些信号还有待观察。

1.4 IFOAM世界有机大会和统计预备会议

原定于2020年举行的第二十届世界有机大会（OWC）将于2021年9月6—10日在法

国雷恩举行。在大会召开之前的几天里，与会代表将有机会参加8场针对特定主题的预备会议之一，其中有一场是关于统计的会议。更多信息请登录2021世界有机大会网站https：//owc.ifoam.bio/2021/。

1.5 瑞士有机农业研究所（FiBL）下一年度的全球有机农业调查

下一年度的全球有机调查将于2021年年中开始，并将于2022年2月发布数据结果，同时在德国纽伦堡Biofach有机博览会上展示。我们将联系所有相关专家，如果您能够将数据提供给我们，我们将不胜感激。如果您在本书中发现有关统计数据的任何错误，请通知我们，我们将更正数据库中的信息，并在2022年世界有机农业统计年鉴中提供更正后的数据。更正数据也将发布在http://www.organic-world.net网站上。

联系方式：helga.willer@fibl.org

2 全球有机农业现状

2.1 全球有机农业面积、从业者和市场现状[①]

第二十二次全球范围内的有机农业认证调查由瑞士有机农业研究所（FiBL）联合全球合作伙伴共同完成，调查结果由FiBL和IFOAM国际有机联盟联合发布。本次调查获得来自瑞士联邦经济事务秘书处（SECO）、国际贸易中心（ITC）[②]、瑞士COOP可持续发展基金会[③]以及德国纽伦堡展会公司[④]的支持。

本次调查的数据共由超过200个专业组织及个人提供。数据的收集工作由政府部

① 本节作者：Bernhard Schlatter、Jan Trávníček、Claudia Meier、Olivia Keller和Helga Willer；翻译：中国农业大学经济管理学院博士生导师、国家农业农村发展研究院研究员王玉斌，中国农业大学经济管理学院硕士研究生张冰洁、硕士研究生刘文君、博士研究生姜昊辰；作图：赵惠娟。

② 自2014年，全球有机农业的数据收集由国际贸易中心（ITC）与瑞士联邦经济事务秘书处（SECO）资助，属于“T4SD-有机农业和可持续性标准的市场数据全球平台”项目。更多关于该项目的信息，参见http://www.vss.fibl.org。

③ 自2019年，全球有机农业的数据收集由瑞士COOP可持续发展基金会资助。

④ BIOFACH的组织者，全球有机贸易博览会位于德国纽伦堡。自2000年，该机构资助了全球有机农业的数据收集以及世界有机农业年鉴的出版。

门、民间组织、认证机构以及市场调研公司完成。其中，特别强调以下国际性认证机构的贡献，他们提供了许多国家的数据：ACO Certification、BioInspecta、CCPB、CERES、Certisys、Control Union、Ecocert、Ecogloble、Ekoagros、ICEA、Imocert、Kiwa BCS Oko-Garantie GmbH、LACON、NASAA Certified Organic（NCO）、Organic Agriculture Certification Thailand（ACT）、Organización Internacional Agropecuaria（OIA）、OneCert和Quality Certification Services（QCS）。

本次与美洲有机农业委员会（CIAO）的全新合作很大程度上减轻了在拉丁美洲和加勒比海地区的数据收集压力。地中海国家的数据由地中海有机农业网络（MOAN，巴里地中海农业研究所）提供，太平洋群岛的数据由太平洋有机和道德贸易社区提供（POET.com）。此外，欧盟统计局（Eurostat）也是提供涵盖诸多国家数据的重要来源。

总体而言，此次调查得到了187个国家（地区）的数据。142个国家提供了有机农地面积的更新数据。然而，对于一些国家而言，其更新的数据仅是在有机农地总面积方面，不包含关于农场数量、土地使用情况或其他一些指标的数据。另外，FiBL会从认证机构获得部分国家的数据，但并不是所有认证机构都提供了更新数据。当最新的数据无法获得时，就会沿用之前调查的数据。

收集的数据指标包括：有机农地面积和生产面积，包括农作物的分类；家畜数量、生产的数据（产量和价值）；生产者和其他经营者的类型；国内市场数据（零售总额和食品服务销售价值、交易量、人均消费、市场份额以及各类产品情况）；国际贸易数据（进出口贸易总额和贸易量，以及各类产品的情况）。

由于不能获得完整的全球信息，本书未能发布收集到的全部数据（例如，产量、家畜数量、有机产品细分的国内市场和国际市场交易数据）。更多关于数据收集与分析过程的信息可在https://orgprints.org/36848/网站上查询。

在2021年的调查中我们经历了以下一系列的挑战。

第一，考虑数据库中往年的数据已经几年没有更新或确认，因此我们决定不再使用特定年度的数据（如2015年以前），这导致了一些国家有机农地面积与生产者数量的显著下降。

第二，对一些国家不合理的作物数据进行了修订。

第三，收到了一些国家的数据修订，这与我们此前沟通的内容有所差异，导致一些有机农地面积与生产者数量下降或者作物数据发生变化。

有关农作物、市场和国际贸易的详细信息，以及对一些数据进行解释的交互式表格和图表等更多信息，请查询FiBL网站http://statistics.fibl.org。

2.1.1 对于数据的总体说明

有机面积：数据表示已认证的有机农地面积，是指已通过认证或者正在转换期中的土地，因为很多数据来源无法区分这两者，但也有的数据来源不包含转换期中的土地（如奥地利、德国和瑞士），并且处在转换期中的土地也在有机方式下进行管理。关于有机农业的定义，请查阅IFOAM国际有机联盟网站http://www.ifoam.bio/en/organic-landmarks/definition-organic-agriculture。

占全部农地的比例：有些国家的有机农地占全部农地的比例或者占单品作物的比例是基于联合国粮食及农业组织统计数据库（FAOSTAT）的数据或欧盟统计局（Eurostat）数据计算的。由于数据来源的不同，计算的比例可能会跟当地政府部门或专家提供的数据有所差异。

生产者数据：一些国家提供了小农户的数量，而有的仅提供了公司、项目或种植者的数量，这会使得生产者数量有偏差。这一情况在非洲国家尤为突出。因此，实际的生产者数量应该会比在本书中发布的数量要多。

市场数据：值得注意的是在不同国家中市场和贸易数据使用的统计方法不同，因此难以做比较。此外，汇率的浮动也必须考虑在内。

PGS：一些国家也提供了参与式保障体系（PGS）认证的面积。

国家：对于国家与地区，使用了联合国粮食及农业组织的国家列表，本书中所指的“国家”包括国家和领土。按区域划分的国家大多数情况下使用了联合国统计司确定的国家和地区代码分类。

数据来源：数据从民间机构、政府、认证机构等处获得。

直接的年际比较：因为数据来源可能存在变化，直接的年际间的比较不适用于所有数据，有些数据也不是每年都会更新，数据可能比以前容易获得，汇率也会变化。

数据完整性：对于一些国家，或是当前数据不可用，或是提供的数据不够完整。还有一些国家则没有可用数据。因此可以推测有机农业的范围大于本书发布的数据。

数据修订：数据修订和更正发布在http://statistics.fibl.org网站上。

元数据：FiBL全球有机农业调查元数据公布在Organic Eprints，网址为https://orgprints.org/36848。

2.1.2 有机土地

2.1.2.1 有机农业用地

在2019年，全球以有机农业方式耕作的土地面积为7 230万公顷①。拥有最多有机农地的地区是大洋洲，为3 590万公顷；欧洲为1 650万公顷，拉丁美洲为830万公顷，亚洲为590万公顷，北美洲为360万公顷，非洲为200万公顷。

大洋洲的有机农地数量占全球总量的一半。欧洲的有机农地数量在近些年一直保持非常稳定的增长，目前超过了全球有机农业用地的23%。拉丁美洲有机农地面积占全球有机农地面积的12%（图2-1）。

澳大利亚是目前拥有有机农地最多的国家，相较过去十年增长了200%。据估计，澳大利亚97%（相较过去十年增长了200%）的农地都是广阔的放牧区。阿根廷排在第二位，紧随其后是西班牙。有机农地面积排名前十位的国家拥有合计5 650万公顷的有机农地，占世界有机农地面积的80%（图2-2）。

除了有机农业用地，还有其他的有机区域，如野生采集区域。这些区域的面积超过3 500万公顷。

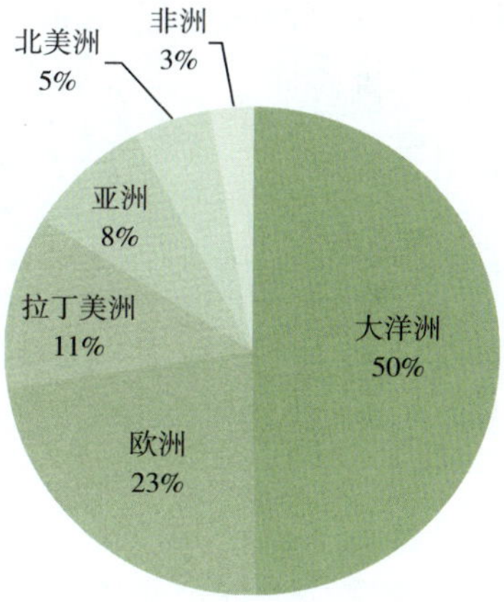

图2-1 2019年全球有机农地分布

（数据来源：2021年FiBL调查）

① 数据统计包括已完成转换和处于转换期的有机土地面积。然而，有些国家提供的数据只包含已完成转换的有机农地面积，另一些国家提供了全部统计的有机农地面积，因此一些国家的转换期土地面积并不明确。

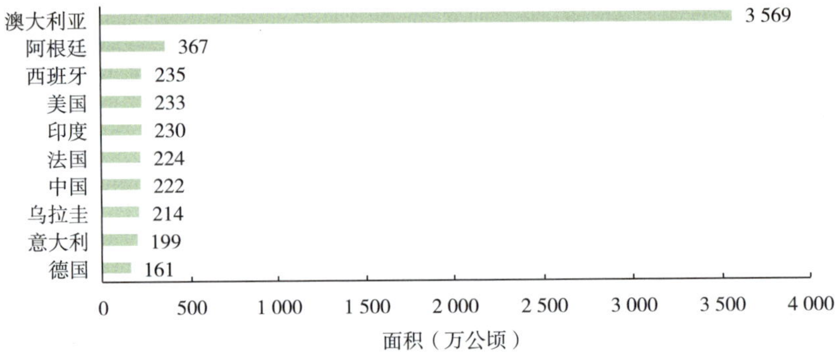

图2-2　2019年有机农地面积位列前十位的国家/地区

（数据来源：2021年FiBL调查）

2.1.2.2　有机农地比例

世界有机农地面积占农地总面积的1.5%。按照地区划分，有机农地比例最高的是大洋洲（9.6%），其次是欧洲（3.3%），以及拉丁美洲（1.2%）。欧盟拥有8.1%的有机农业用地面积。而在其他区域，有机农地比例不足1%。

很多国家/地区的有机农地的比例相对较高（图2-3）。其中，有16个国家/地区用于有机生产的土地面积超过10.0%，其中大部分是欧洲国家。有机农地比例最高的国家是列支敦士登，拥有超过41.0%的有机农地。值得注意的是很多岛国都有很高的有机农地比例，如萨摩亚及圣多美和普林西比。

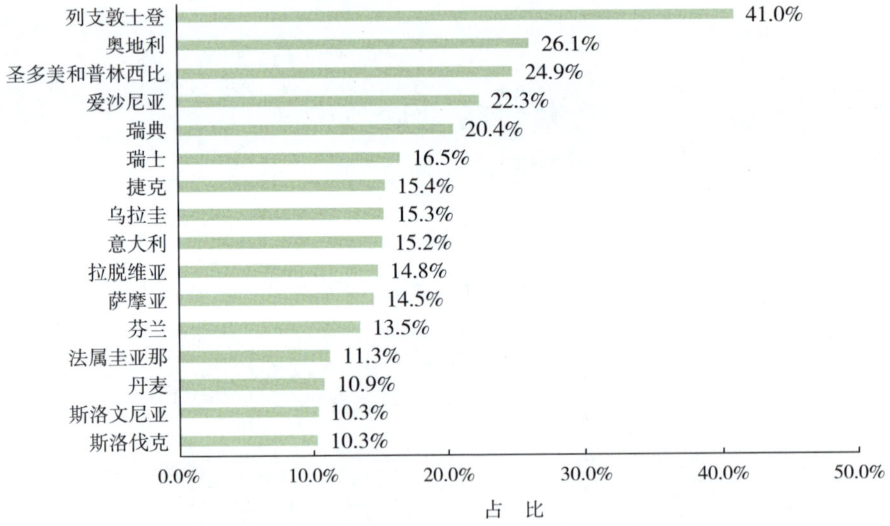

图2-3　2019年有机农地占比10%以上的国家/地区

（数据来源：2021年FiBL调查）

但是，在能够获得相关数据的国家（地区）当中，有58%的国家/地区拥有有机农业用地合计不到总数的1%（图2-4）。

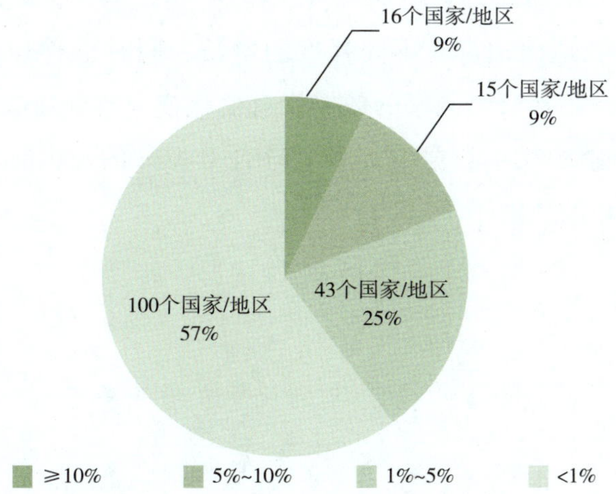

图2-4　2019年全球有机农地占比分布情况

（数据来源：2021年FiBL调查）

图表数据说明：为了计算百分比，大多数国家的农业用地总数数据均来自联合国粮食及农业组织统计数据库（FAOSTAT）①。对于欧盟，大多数数据是从欧盟统计局（Eurostat）获得的。在数据可用的情况下，农业土地数据采用国家来源（如奥地利、瑞士和美国），有时与欧盟统计局或联合国粮食及农业组织统计数据库公布的数据不同。请注意，根据欧盟统计局和联合国粮食及农业组织统计数据库中数据计算的有机份额在某些情况下可能与各部委和专家发布的数据有所不同。

2.1.2.3　有机农地的增长

与1999年只有1 100万公顷的有机农地相比，目前全球有机农地的面积已经增长了超过6倍。2019年有机农地面积增加了110万公顷，增长了1.6%。许多国家的有机农地面积出现了明显增长，如印度（增长了18.6%，近36万公顷）和法国（增长了10.1%，超过21万公顷）。除此之外，乌克兰（增长了51.4%，近16万公顷）和墨西哥（增长近12万公顷）均有显著增长。

2019年，非洲、欧洲、拉丁美洲和北美洲的有机农业用地都有所增加，然而亚洲（降幅7.1%，减少45万公顷，主要原因是中国有机农业用地的减少）和大洋洲（降幅

① FAOSTAT的数据详见http://www.fao.org/faostat/en/#data/RL。

0.3%，减少12万公顷）的有机农地面积减少了。有机农地面积绝对增长量最高的地区是欧洲（增幅5.9%，增加90万公顷），其次是北美洲（增幅9.1%，增加30万公顷）和拉丁美洲（增幅3.5%，增加28万公顷）。

90个国家的有机农地面积都有不同程度的增长，同时也有48个国家报告了有机农地面积的减少。另外，还有41个国家的数据没有变化或未收到新数据。

图2-5至图2-7展示的往年数据中，因为FiBL数据库的数据有部分修订和增加，这些数据可能和原来发布的数据不符。

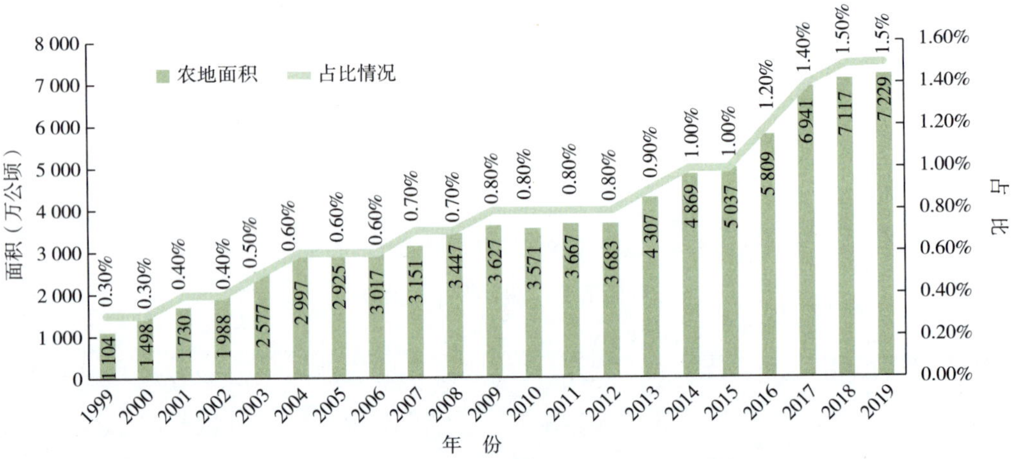

图2-5　1999—2019年全球有机农地面积和占比发展情况

（数据来源：1999—2021年FiBL-IFOAM-SOEL调查）

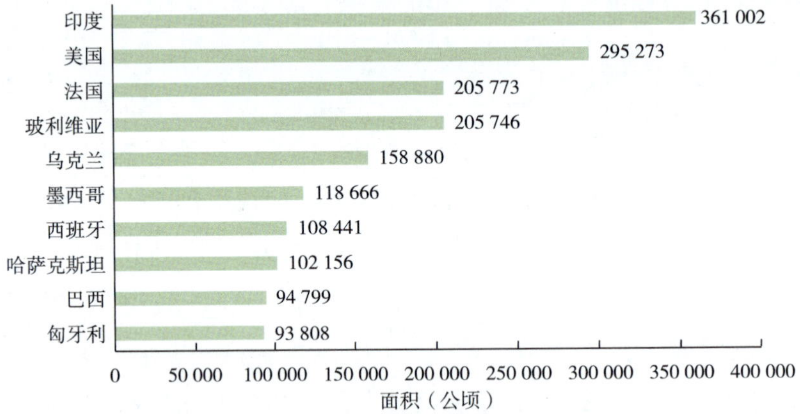

图2-6　2019年有机农地增长量位列前十位的国家/地区

（数据来源：2021年FiBL调查）

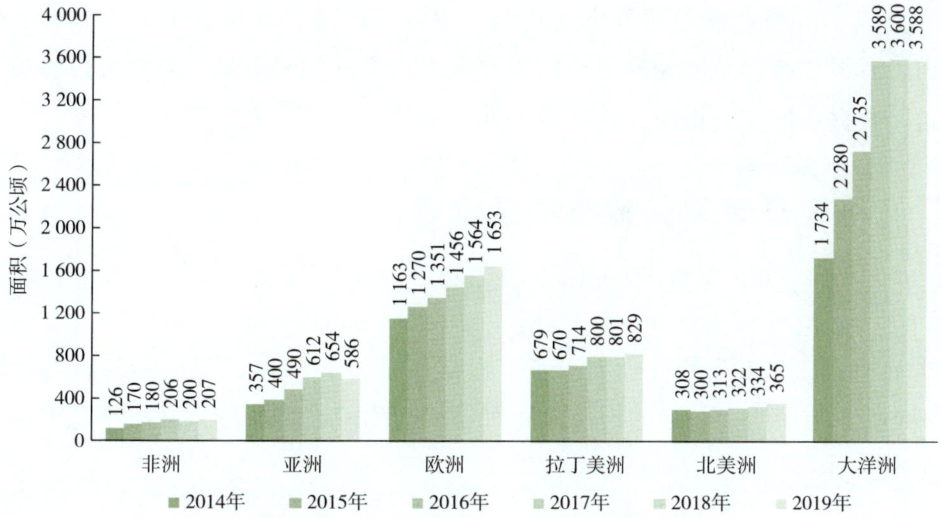

图2-7　2014—2019年各大洲有机农地发展情况

（数据来源：2012—2021年FiBL-IFOAM-SOEL调查）

2.1.2.4　其他用途的有机用地

除了有机农地，还有其他用途的有机用地。其中，占比最大的就是野生采集区和养蜂区。其他非农业的有机用地还包括水产、林区和牧场。这些区域的总面积是3 500万公顷，全球有机面积共有1.074亿公顷（图2-8）。

需要注意的是，很多国家并没有提供非农业有机用地的数据。因此，我们只能假设其他数据是不完整的，特别是水产养殖和森林用地。

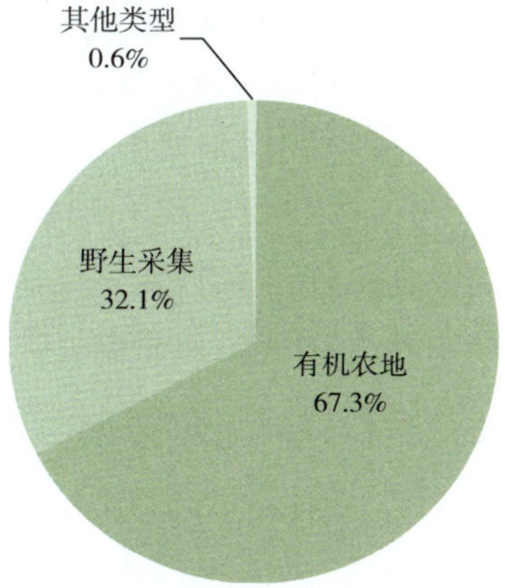

图2-8　2019年全球有机用地面积分布情况

（数据来源：2021年FiBL调查）

对于有机水产和蜜蜂养殖来说，其他的指标（产量和蜂巢数量）比面积更有参考价值，而且有机水产养殖和蜜蜂养殖的重要性无法用面积来衡量。虽然有一些关于水产养殖的地区数据，但应当指出，这些数据并不完整。

2.1.3 有机生产者和其他类型经营者

2.1.3.1 生产者

全世界有超过310万名有机生产者。根据所获得的数据，超过91%的生产者在亚洲、非洲和欧洲（图2-9）。拥有最多有机生产者的国家是印度，其次是乌干达和埃塞俄比亚（图2-10）。

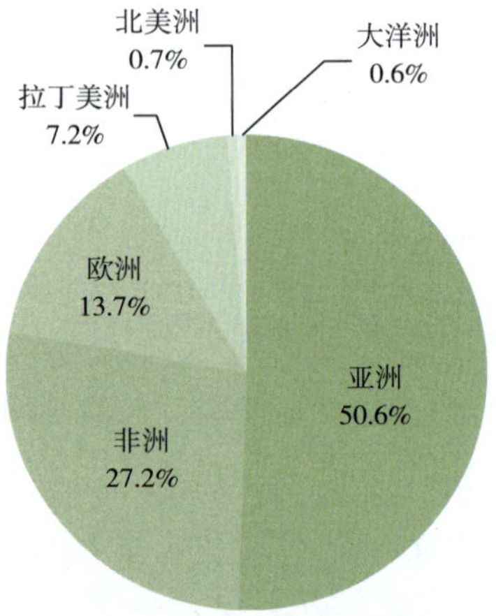

图2-9 2019年全球有机生产者分布情况

（数据来源：2021年FiBL调查）

一些国家由于存在以下情况而难以获得有机农场的准确数量：①仅报告公司、项目或种植者团体的数量，每个公司、项目或种植者团体可能包括许多独立的生产者；②根本不提供有关生产者数量的数据；③在有野生采集区的情况下，统计数据包含了采集者的数量；④提供每种作物的生产者数量，然而同一生产者可能种植几种作物而导致种植者数量出现重叠。因此，生产者数量的数据应被严谨审视，并且可以假设有机生产者的总数量高于统计数据。

在一些国家，由于一部分认证者提供了包括小农户在内的所有生产者的数据，另一部分认证者仅能提供认证数据，因此生产者的数量统计存在一定困难。这一问题在墨西哥尤为明显，2018年墨西哥的数据来源发生了变化，新的数据来源不包括小农户，导致墨西哥和拉丁美洲整体有机生产者数量大幅下降。与2018年相比，有机生产者的数量增加超过34.7万名，增幅为12.5%。除了拉丁美洲和大洋洲外，其他大洲的生产者的数量均有所增长。

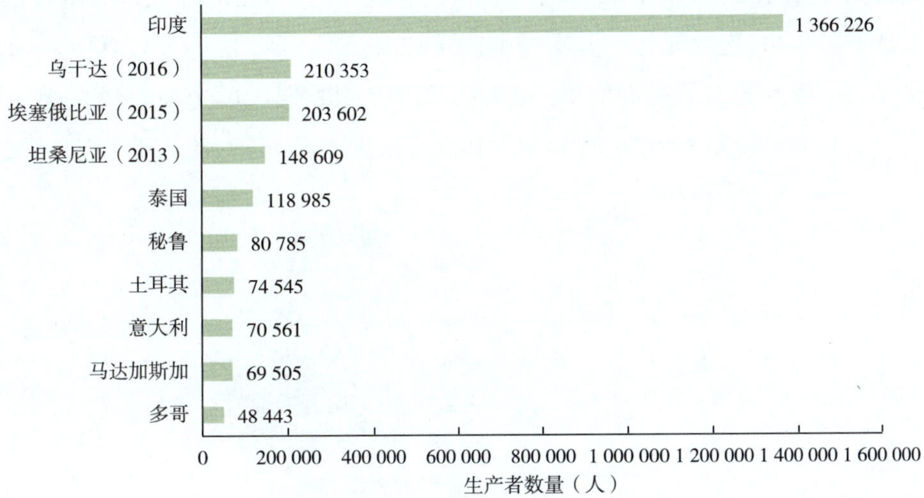

图2-10　2019年全球有机生产者数量位列前十位的国家/地区

（数据来源：2021年FiBL调查）

2.1.3.2　其他类型经营者

根据其他类型经营者的有关数据，全球有超过10.5万名加工者和大约7 300个进口商，其中大多数在欧洲。然而，并非所有国家都报告了加工者、出口商、进口商或其他类型经营者的数量。例如，美国的数据就是缺失的，因此可以假定其加工商、进口商和出口商的数量远远高于统计数据。

其他类型经营者包括养蜂人、出口商、进口商、小农户和水产养殖企业，以及采集者的数量（野生采集）。

2.1.4　零售额和国际贸易数据①

2.1.4.1　零售额

Amarjit Sahota介绍了有机市场的全球趋势并提供了许多背景信息，本部分内容展

① 请注意，由于统计方法的差异，本部分提出的一些数据与Ecovia Intelligence收集的数据不同。

示了根据FiBL有机农业调查汇总的相关国家市场数据。零售总额中包含了57个国家的数据，占拥有有机数据的国家总数的30%，这意味着许多从事有机农业活动国家的此类数据缺失。

根据FiBL调查，2019年全球有机产品零售总额超过1 060亿欧元。有机食品市场最大的国家是美国（447亿欧元），其次是德国（120亿欧元）、法国（113亿欧元）和中国（85亿欧元）（图2-11）。最大的单一市场是美国，其次是欧盟（414亿欧元）和中国。按区域划分，北美洲领先（482亿欧元），其次是欧洲（450亿欧元）和亚洲（图2-12）。

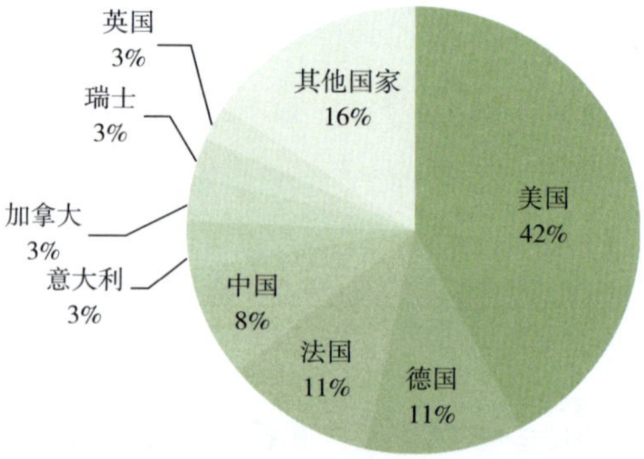

图2-11　2019年各国家/地区有机食品销售额分布

（数据来源：2021年FiBL-AMI调查）

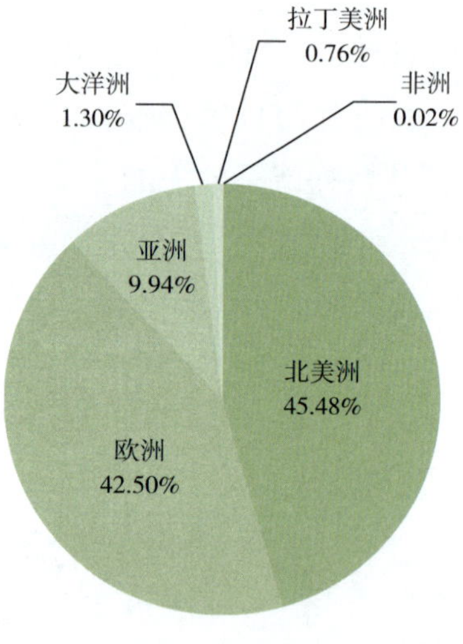

图2-12　2019年全球有机食品区域销售额分布

（数据来源：2021年FiBL-AMI调查）

2019年全球有机市场零售额位列前十位的国家/地区见图2-13。

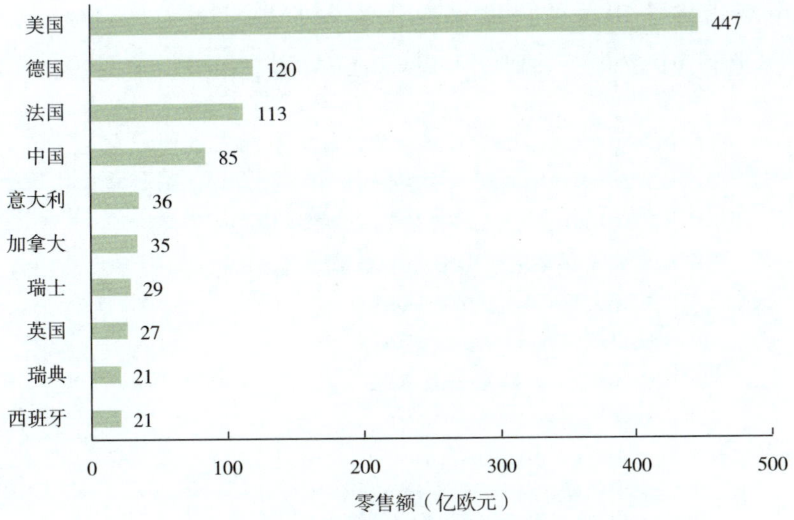

图2-13 2019年全球有机市场零售额位列前十位的国家/地区

（数据来源：2021年FiBL-AMI调查）

在所有可以获得2019年数据的国家中，都可以看到市场增长的趋势，在一些国家中市场增长率是两位数。爱沙尼亚是增长最快的国家，市场增长了13.2%。按大洲来说，2019年北美洲的人均消费最高（132欧元）。按照国家排名，欧洲国家的人均消费最高，2019年，丹麦的人均消费（344欧元）居世界首位，其次是瑞士（338欧元）、卢森堡（265欧元）和奥地利（216欧元）（图2-14）。

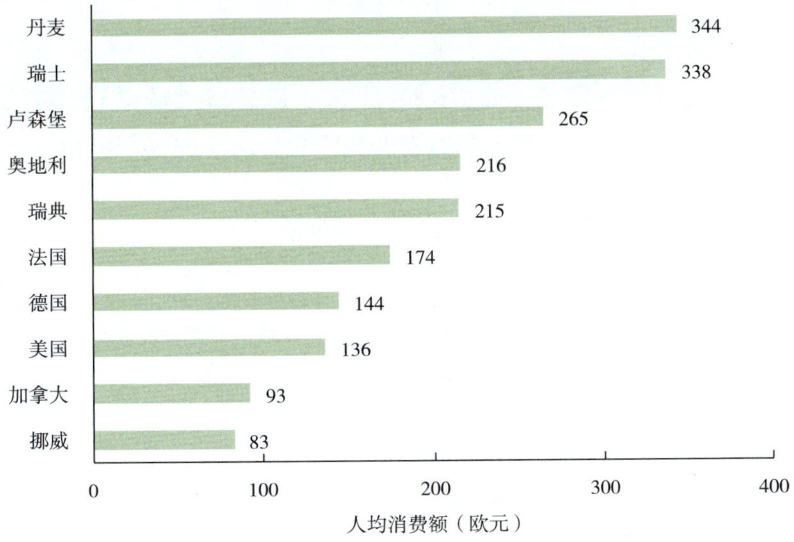

图2-14 2019年全球有机食品年人均消费位列前十位的国家/地区

（数据来源：2021年FiBL-AMI调查）

从有机市场占整个市场的份额来看，领先的是丹麦（12.1%），其次是瑞士（10.4%）、奥地利（9.3%）、瑞典（9%）和卢森堡（8.6%）（图2-15）。

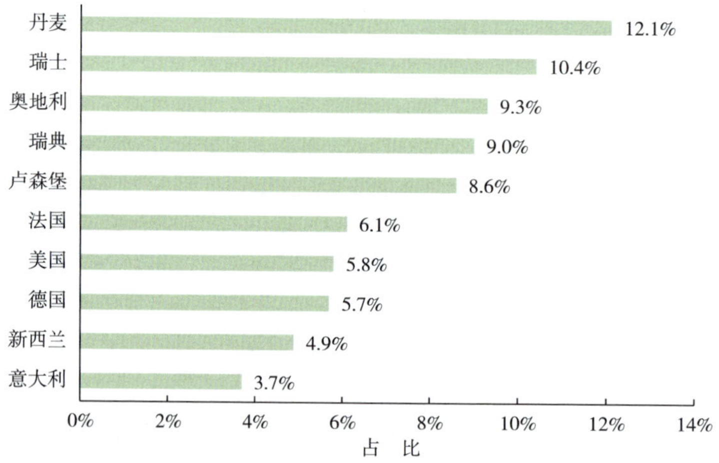

图2-15 2019年全球有机食品份额位列前十位的国家/地区

（数据来源：2021年FiBL-AMI调查）

2.1.4.2 出口数据

越来越多的国家可以提供国际贸易的相关数据。这些数据可以用进出口总量（吨）和进出口总额来表示。一些国家同时也提供了单品作物和产品的详细数据。

2.1.4.3 进口数据

许多国家没有提供进口数据。自2018年以来，欧盟开始收集进口额数据；美国的有机产品进出口交易额和交易量可在美国农业部（USDA）网站上查阅①。

2.1.5 发展中国家和新兴市场的有机农业

经济合作与发展组织（OECD）的发展援助委员会（DAC）提供了讨论“发展中国家援助、发展与扶贫”等问题的平台。本部分研究了发展援助委员会提供的受官方发展援助（ODA）的国家。

---

① 网址为http://apps.fas.usda.gov/gats/ExpressQuery1.aspx.，点击“Standard query”并选择“Organics selected”。

DAC列表[①]上的国家拥有超过270多万名有机生产者（占有机生产者总数的87%），并且拥有超过全球1/5的有机农业用地（1 510万公顷）。如果将野生采集和蜜蜂养殖区也计算在内，总面积达到4 150万公顷。DAC列表国家中，拉丁美洲国家有机农业用地最多（近610万公顷），亚洲（580万公顷）和非洲（200万公顷）分别位居第二和第三。有机农业用地面积最大的国家依次是阿根廷、印度、中国和巴西。毫无疑问，它们都是国土面积较大的国家（图2-16）。

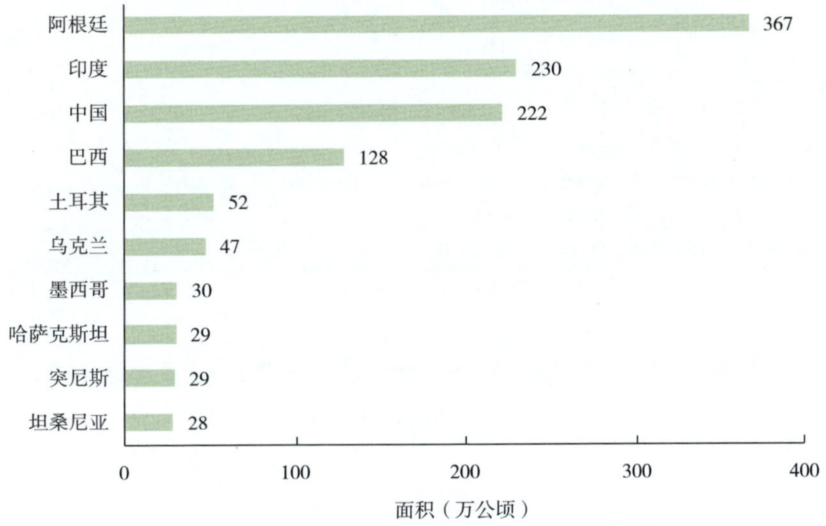

图2-16　DAC列表中2019年有机农地面积位列前十位的国家/地区

（数据来源：2021年FiBL调查）

然而，当涉及有机农业用地占种植总面积的比例时，排名就会发生变化（图2-17）。在DAC列表上的国家中，有机农业用地占比最高的国家是圣多美和普林西比（24.9%）、萨摩亚（14.5%）和东帝汶（8.5%）。阿根廷是有机种植面积最大的国家（370万公顷），占比仅排在第十三位。DAC列表上的前十位国家的有机农地比例与一些欧洲国家相当，主要归因于这些国家拥有较大的生产潜力和对出口的重视，同时一些支持措施也起到了一定的作用。然而，只有18%的DAC列表上的国家有机农地比例超过1%。

DAC列表上的国家有近80%的农业用地都有详细的使用信息，但是，一些有机产品生产大国（印度和巴西）未能提供作物的相关数据。现有统计数据表明，有机季节性作物面积占有机农地总面积的29%以上，有机草场/牧区用地占比25%以上，有机多年生作物用地占比近20%。无论是对肉制品（主要来自阿根廷和乌拉圭），还是对未加工的

① 在经济合作与发展组织（OECD）网站上，可查询发展援助委员会（DAC）列表上的国家名单，网址为http：//www.oecd.org/dac/stats/daclist.htm。

多年生和季节性作物来说，出口都发挥着重要作用。很多重要的农作物是用于出口的，如谷物、咖啡、油料作物、纺织作物（主要是棉花）、坚果、椰子、橄榄、可可等。对于非洲来说，咖啡和橄榄是最重要的农作物；对于亚洲而言，谷物和油料作物是最重要的农作物；而对于拉丁美洲，咖啡和可可则是最重要的农作物。

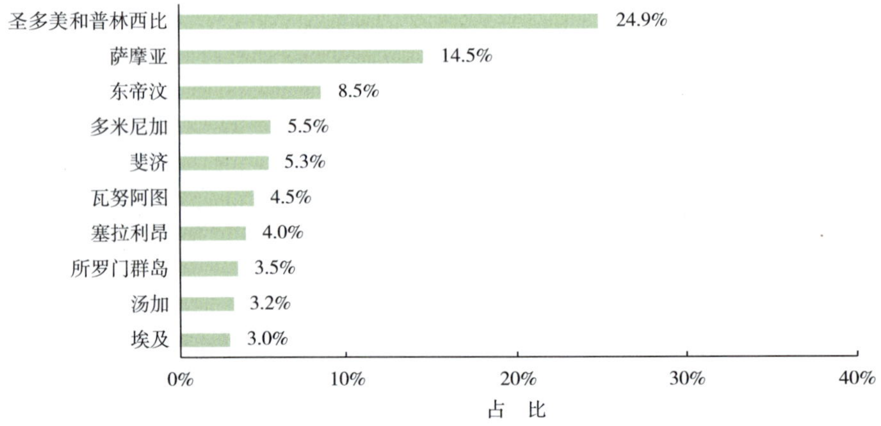

图2-17　DAC列表中2019年有机农地占比前十位国家/地区

（数据来源：2021年FiBL调查）

2.2　有机农业用地的使用类型和主要商品形式①

2.2.1　农业用地

2019年有机农业用地面积为7 230万公顷，其中2/3以上是草场/牧区（近4 890万公顷）。耕地面积为1 780万公顷（季节性作物面积为1 310万公顷，多年生作物面积为470万公顷），约占有机农业用地的1/4。一些国家详细的土地使用资料无法获得，例如，拥有较大有机农地面积的巴西和印度，有机耕地的实际面积可能远远大于现有数据的统计。虽然获得了92%的有机农地的基本使用信息，因为一些国家未提供详细的作物种植数据，所以我们只能获得部分区域作物的详细信息②。

① 本节作者：Bernhard Schlatter、Jan Trávníček、Claudia Meier、Olivia Keller和Helga Willer；翻译：中国农业大学经济管理学院博士生导师、国家农业农村发展研究院研究员王玉斌，中国农业大学经济管理学院硕士研究生张冰洁、硕士研究生刘文君、博士研究生姜昊辰；作图：赵惠娟。

② 对于某些国家，只能获取主要用途的土地（季节性作物用地、多年生作物用地和多年生草地）的资料。对于其他国家，可以找到非常详细的土地使用统计信息。

本调查中使用了FAO提供的土地使用类型分类①，但略有修改，并参考使用与欧盟统计局类似的系统对作物进行分类。土地使用类型主要分为如下几类：季节性作物用地、多年生作物用地、无更多具体信息的耕地（即没有提供详细分类信息的季节性和多年生作物用地）、多年生草场/牧区、其他农业区域（如树篱）和没有任何具体信息的农业用地。水产养殖、林地和非农业牧场在此与农业用地区分开，分属于不同的类别，即归类于野生采集区域和养蜂区域。

土地使用信息如图2-18至图2-20所示。

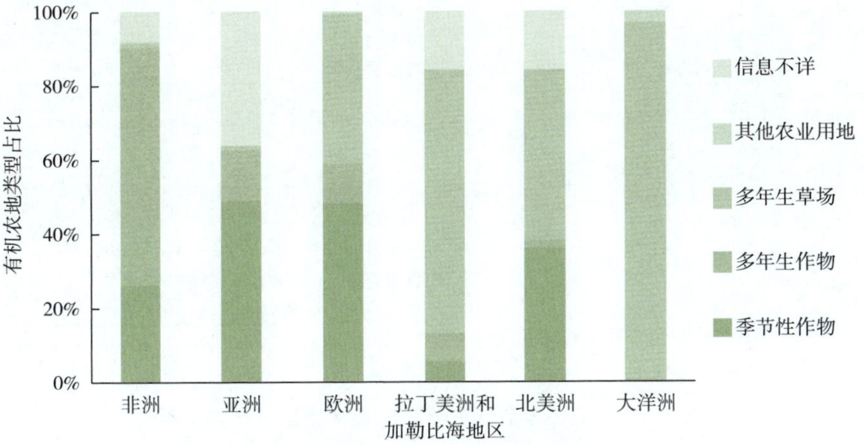

图2-18 2019年各地区土地使用类型分布比例

（数据来源：2021年FiBL调查）

非洲：可获得91%以上的有机农业土地使用信息。约2/3的农地用于种植多年生作物，主要是经济作物，如咖啡、可可和橄榄；主要季节性作物是油料作物（芝麻、大豆和棉花）。

亚洲：可获得约2/3的有机农地使用信息。季节性作物用地主要用于种植谷物，包括水稻。其他重要的季节性作物包含油料作物、干豆和纺织作物。

欧洲：有机农地信息有较完善的数据并且主要的作物分类都有详细的记录。有机多年生草场约占有机农业用地的40%，季节性作物用地（占比48%）主要用于种植谷物（约300万公顷）和青饲料（约260万公顷）。多年生作物用地占有机农业用地的11%，其中超过1/3的土地用于种植橄榄，其次是葡萄、坚果和温带水果。

拉丁美洲和加勒比海地区：拉丁美洲有将近3/4的有机农地用于多年生草场。多年

① FAOSTA官网有更多信息，详情请查询http://faostat.fao.org/site/379/DesktopDefault.aspx?PageID=379。

生作物用地占全部有机农业用地的8%。40%的多年生作物耕地用于种植咖啡，其次是可可和热带水果。

北美洲：该地区主要的有机农业用地为季节性作物用地和多年生草场/牧区，占比分别为36%和46%。季节性作物用地大部分用于种植谷物和青饲料。

大洋洲：澳大利亚大部分的有机土地为广阔的草场/牧区。太平洋地区种植了多种多年生作物。

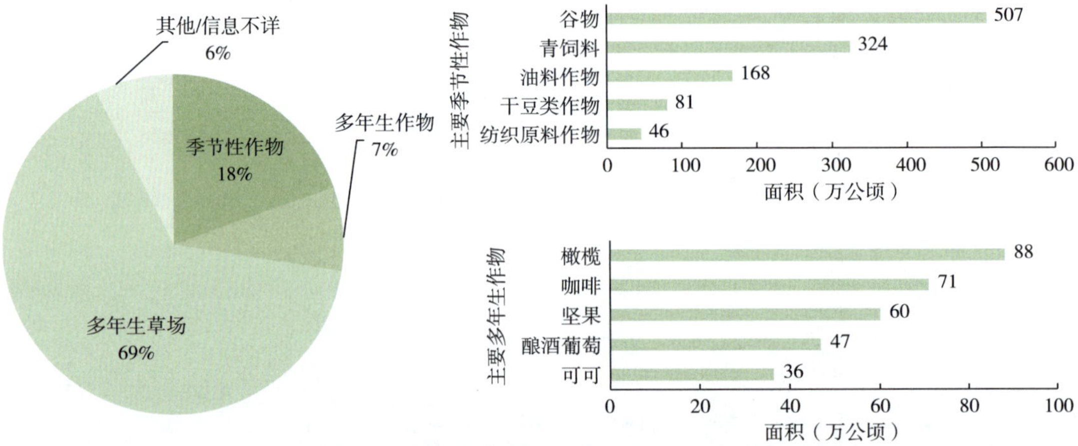

图2-19　2019年全球主要有机农地类型及作物种类

（数据来源：2021年FiBL调查）

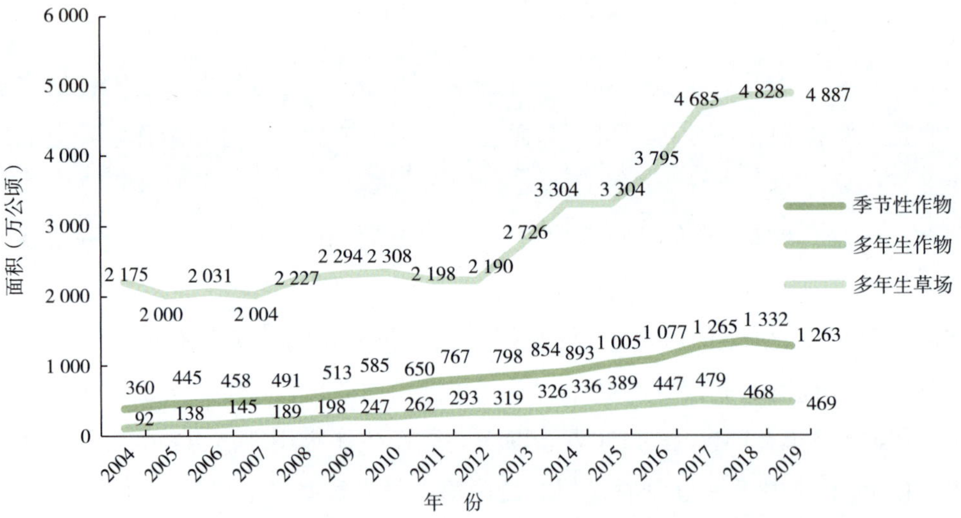

图2-20　2004—2019年全球有机季节性作物、多年生作物和多年生草场发展情况

（数据来源：1999—2021年FiBL-IFOAM-SOEL调查）

2.2.2 季节性作物用地

全世界有超出1 300万公顷的有机季节性作物用地，占全球有机农业用地面积的18%，占世界季节性作物用地面积的1%。

与2018年相比，有机季节性作物用地面积减少了3%，主要是由于中国的短期草场减少了66.3万公顷，这种情况影响了中国主要的有机季节性作物，包括谷物、油料作物、干豆类和蔬菜的实际增长情况。将近60%的季节性作物用地位于欧洲，其次是亚洲（22%）和北美洲（10%）（图2-21）。大部分用地用于种植包括水稻在内的谷物（510万公顷）、青饲料（320万公顷）和油料作物（170万公顷）（图2-22）。

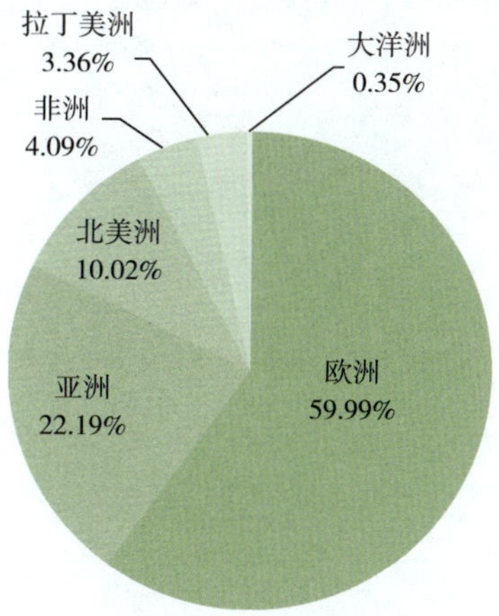

图2-21 2019年全球有机季节性作物区域分布

（数据来源：2021年FiBL调查）

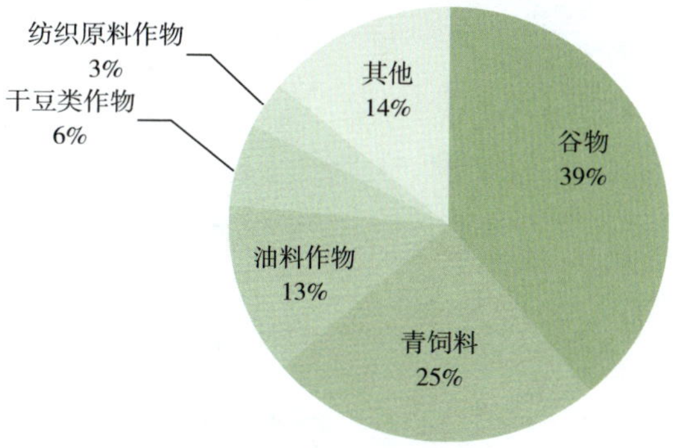

图2-22 2019年全球有机季节性作物农地分类比例

（数据来源：2021年FiBL调查）

2.2.3 多年生作物用地

2019年多年生作物用地面积近470万公顷，占世界多年生作物用地面积的2.8%。与2018年相比，面积增加了超过1.7万公顷，增长了0.4%。全球有机农业用地中有7%是多年生作物用地。因此，多年生作物用地占有机农业用地的比例比其占所有农业用地的比例略高3%。

大部分多年生作物用地位于欧洲（近180万公顷），其次是非洲（130万公顷）和亚洲（近80万公顷）（图2-23）。其中最重要的多年生作物是橄榄，面积约为90万公顷，约占有机多年生作物用地面积的19%。其次是咖啡（超过70万公顷）、坚果（60万公顷）、葡萄（近50万公顷）和可可（近40万公顷）（图2-24）。

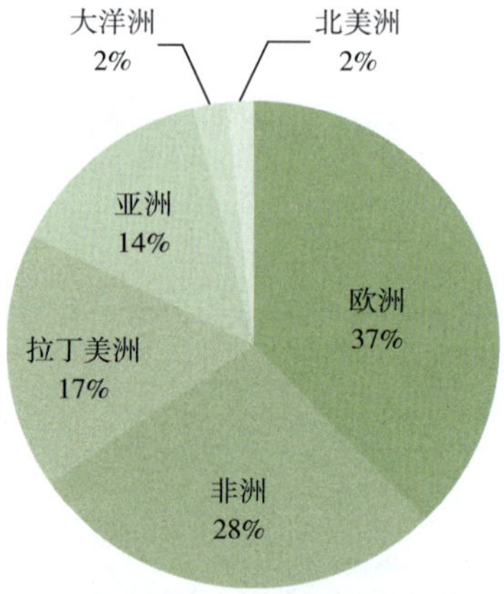

图2-23 2019年全球多年生有机作物农地分布

（数据来源：2021年FiBL调查）

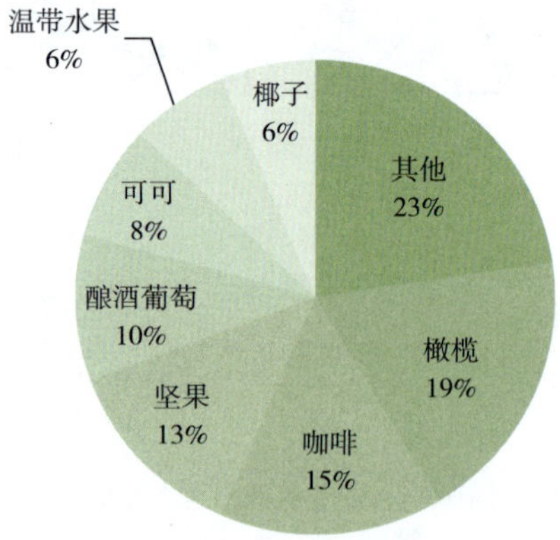

图2-24 2019年全球多年生有机作物农地分类比例

（数据来源：2021年FiBL调查）

2.2.4 野生采集和养蜂区域

IFOAM国际有机联盟标准中有对采集野生作物的定义（IFOAM，2014），同时野生采集的活动也被有机法规监管规范。2019年，全球野生采集区域（包括养蜂场）为3 480万公顷，主要集中在欧洲、非洲、拉丁美洲和亚洲，因此其分布与有机农业用地的分布有较大的区别（图2-25）。

芬兰是拥有野生采集面积最大的国家（主要是浆果），其次是赞比亚、纳米比亚和坦桑尼亚（养蜂区）（图2-26）。专家认为，野生浆果、养蜂、药用和芳香类植物，以及非洲和拉丁美洲的坚果是最为主要的野生采集作物。遗憾的是，对于大部分野生采集区域，我们还没有收集到具体信息。

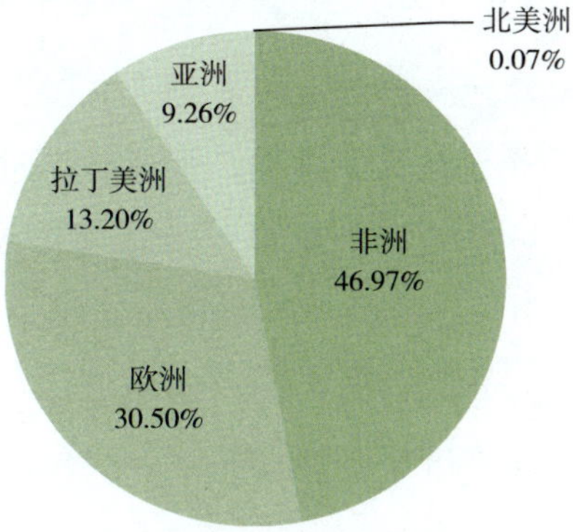

图2-25 2019年全球有机野生采集区和养蜂区地域分布

（数据来源：2021年FiBL调查）

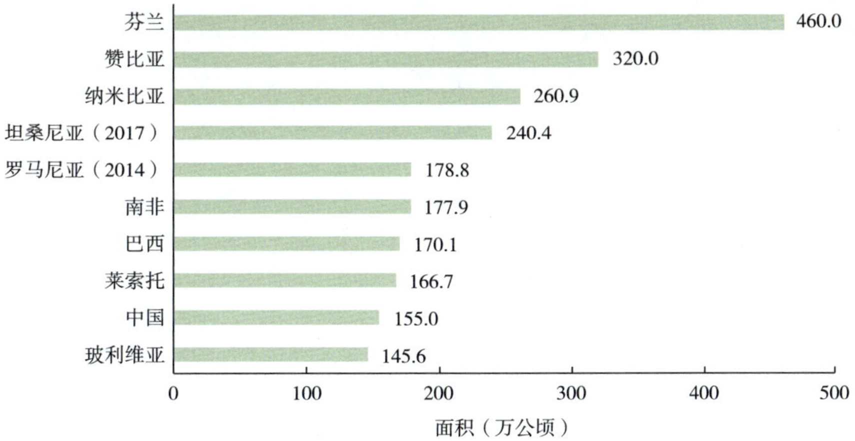

图2-26 2019年野生采集区和养蜂区位列前十位的国家/地区

（数据来源：2021年FiBL调查）

2.2.5 蜂　箱

2019年有300万个有机蜂箱，占全球蜂箱数量的3.4%[①]。有机蜂箱主要集中在欧洲（47%）和拉丁美洲（30%）。巴西是拥有有机蜂箱数量最多的国家（629 939个），其次是赞比亚（368 274个）和保加利亚（264 069个）。2007年有超过53.5万个蜂箱，2019年蜂箱的数量增加了近6倍。

需要注意的是，一些增长量是由于更多的数据被提供出来用作统计。2014—2015年的增长是由于巴西等一些国家的数据首次用作统计。此外，2016—2017年的增长主要是由于巴西、中国和赞比亚的蜂箱数量的显著增长。2019年的统计中，保加利亚、墨西哥和智利的蜂箱数量均有所减少。

由于全球对有机蜂蜜和产品的需求不断增加，有机养蜂业预计将在全球持续增长。对于那些想从传统养蜂转换到有机养殖的养蜂人来说，他们面临的主要挑战是缺乏有机养蜂实践知识，并且不了解有机认证过程，因此转换过程较困难。此外，生产优质的有机蜂蜜、用有机方法控制蜂螨是有机养蜂人面临的主要阻碍。

2015年，FiBL、Naturland、Demeter和Apicon共同创建了一个新的养蜂平台——IFOAM养蜂业论坛（IAF）[②]。该养蜂平台是IFOAM国际有机联盟的自发组织，旨在促进有机养蜂业的发展，并鼓励用可持续养蜂业替代传统做法。

2.2.6 水产养殖

德国的Naturland是首个认证有机水产的组织，始于1995年对德国境内鲤鱼的认证，是自愿性可持续性标准（VSS）中第一个对水产养殖进行有机认证的组织（Potts等，2016）。2005年，IFOAM国际有机联盟认可了Naturland的水产养殖标准。

2019年，有机水产品产量超过69万吨。根据已知数据，有机水产的生产主要集中在亚洲（81%，以中国为主）和欧洲（15%）为主（图2-27）。中国的产量最大（近56.12万吨），其次是爱尔兰（超过2.7万吨）和智利（超过2.6万吨）（图2-28）。

遗憾的是，一些有机水产产量较大的国家并没有提供相应的信息，如巴西和印度尼西亚。因此，我们认为全球实际有机水产的产量比统计的数据更高。

有2/3的水产品是按照品种进行分类的。根据已知数据，有机贻贝是产量最多的品

---

① 根据FAO统计，2019年全球共有90 116 413个蜂箱。详情请查询网址http://www.fao.org/faostat/en/#data/QA。

② 获取IFOAM养蜂业论坛（IAF）的更多信息，请查询网址http://www.organicbeekeeping.info。

种（超过2.7万吨），其次是鲑鱼（1.64万吨）和鲟鱼（近1 800吨）。

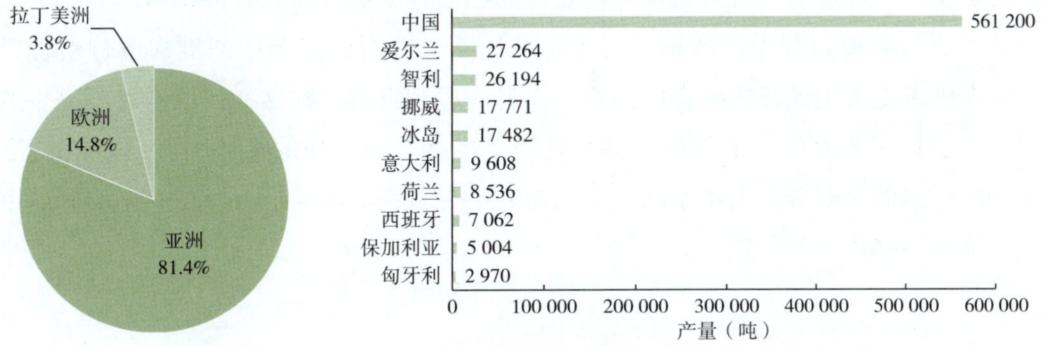

图2-27　2019年全球有机水产养殖分布及产量前十位的国家/地区

（数据来源：2021年FiBL调查）

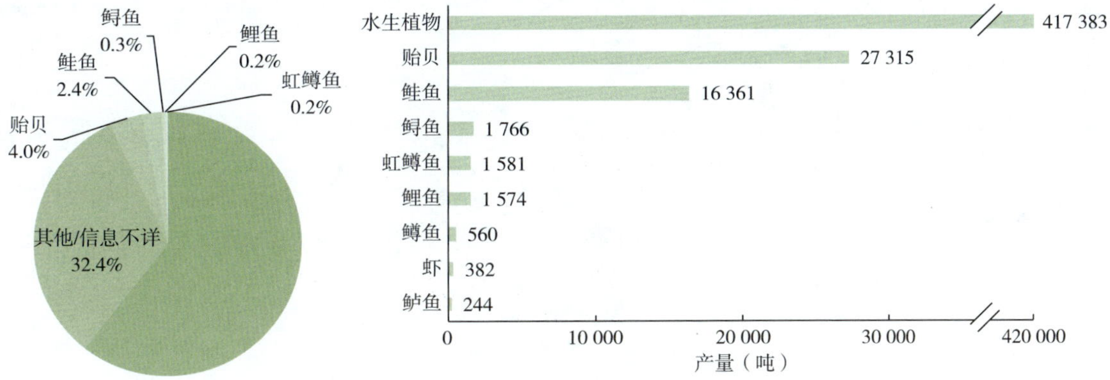

图2-28　2019年有机水产养殖主要品种比例及产量

（数据来源：2021年FiBL调查）

2.2.7　特定作物的数据统计

本部分展示了几种重要作物与作物群的数据，包括有机管理下的区域与整个作物区域的对比。瑞士有机农业研究所（FiBL）于2004年首次收集了土地使用与作物数据，因此发展态势图显示了自2004年以来的增长。

在本书中，我们还呈现了相关图表，对于某一特定作物或作物群体以国家为单位在全球范围内的分布情况，根据其发展情况，将有机用地面积及有机份额占比排名较前的国家列出，同时，以大洲为单位做出相应作物群体进一步细分作物的分布情况图。所有的图表都来源于交互式Power BI图，网址为https://statistics.fibl.org/visualisation.html.

应该指出的是，有机种植面积主要与粮农组织和欧盟统计局提供的2018年收获面积进行了比较，数据不一定与认证机构登记的已播种或播种面积直接相当。

处于有机转换过程中的数据：对于一些国家，数据由多个认证机构进行整理，其中一些提供了有关土地转换状态的信息，而另一些则没有。在这些认证信息不完整的案例中，我们假定所有的土地都已经完全转换。本部分所呈现的统计图表只是FiBL数据库中可用信息的一部分，来源于statistics.fibl.org。此外，在www.organic-world.net上可以获取更多关键作物的图表。

2.2.7.1 谷　物

2019年，有机谷物的种植面积近510万公顷，占全球谷物种植面积的0.7%，详情见图2-29至图2-32。

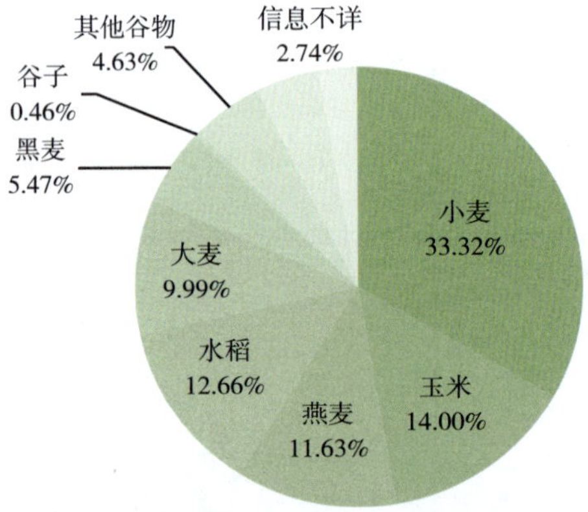

图2-29　2019年全球不同种类有机谷物种植面积占比

（数据来源：2021年FiBL调查）

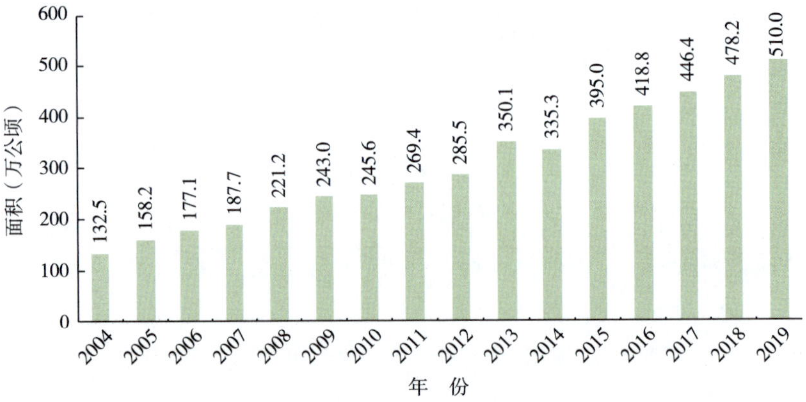

图2-30　2004—2019年全球有机谷物种植面积发展情况

（数据来源：2021年FiBL调查）

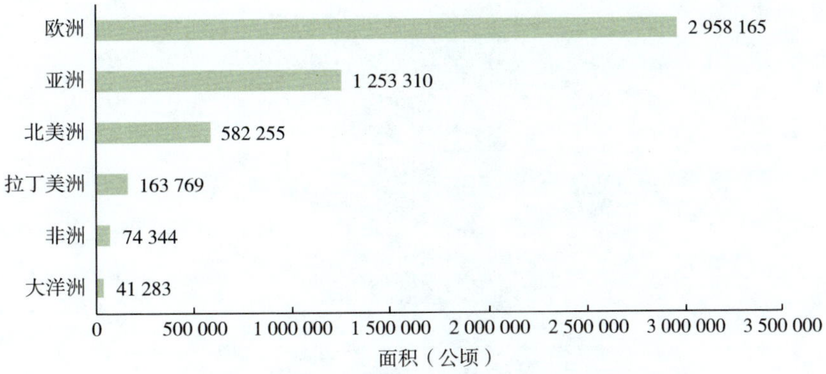

图2-31　2019年各地区有机谷物种植面积

（数据来源：2021年FiBL调查）

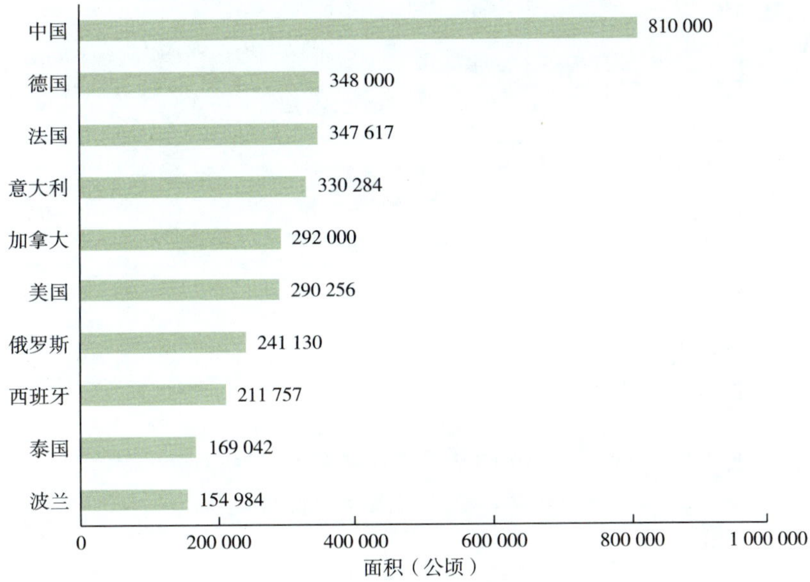

图2-32　2019年有机谷物种植面积位列前十位的国家/地区

（数据来源：2021年FiBL调查）

2.2.7.2　柑橘类水果

2019年，有机柑橘类水果的种植面积约为10万公顷，占全球柑橘类水果种植总面积的0.9%，详情见图2-33至图2-36。

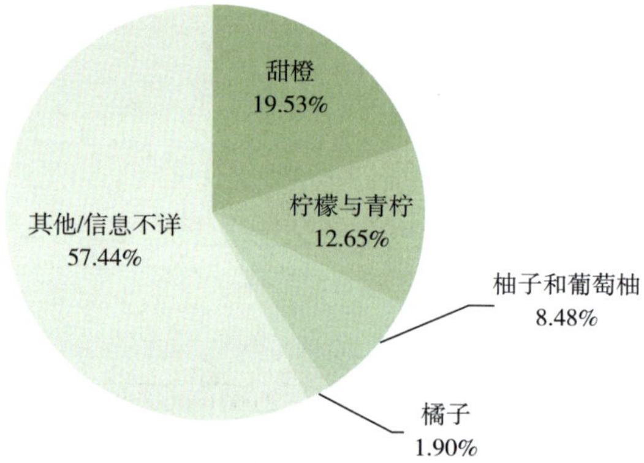

图2-33　2019年全球有机柑橘类水果分类占比

（数据来源：2021年FiBL调查）

图2-34　2004—2019年全球有机柑橘类水果种植面积发展情况

（数据来源：2021年FiBL调查）

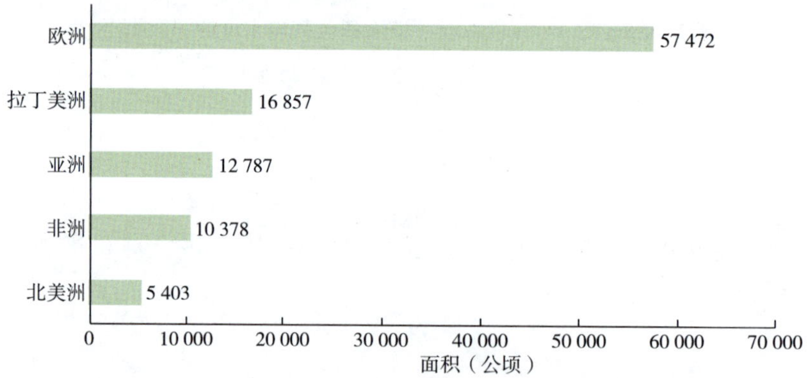

图2-35　2019年各地区有机柑橘类水果种植面积分布

（数据来源：2021年FiBL调查）

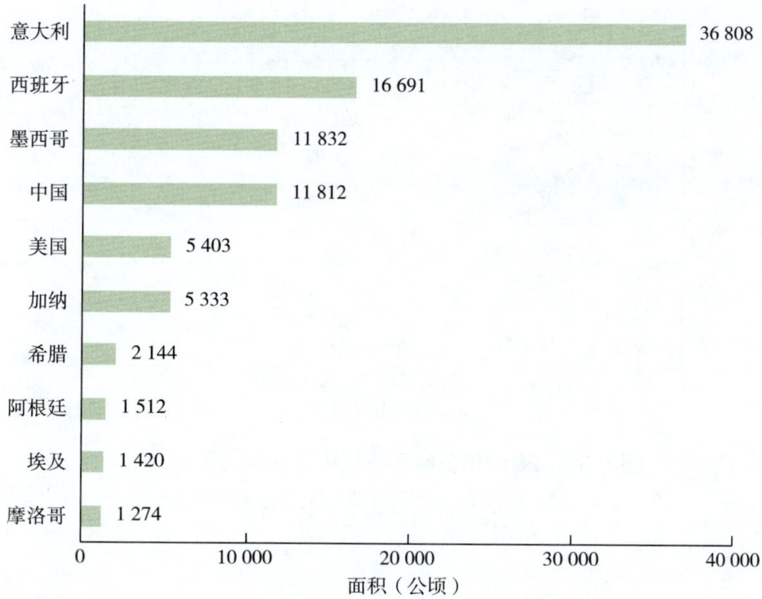

图2-36　2019年有机柑橘类水果种植面积位列前十位的国家/地区

（数据来源：2021年FiBL调查）

2.2.7.3　可可豆

2019年，有机可可豆的种植面积约36.3万公顷，占全球可可豆种植总面积的3.1%，详情见图2-37至图2-39。

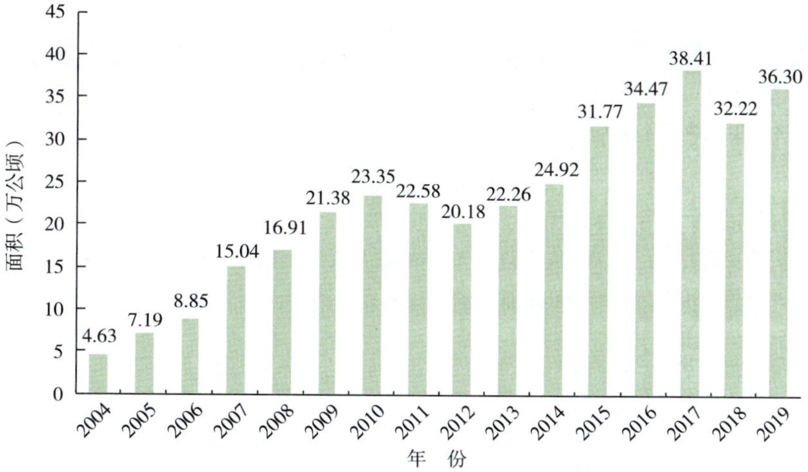

图2-37　2004—2019年全球有机可可豆种植面积发展情况

（数据来源：2021年FiBL调查）

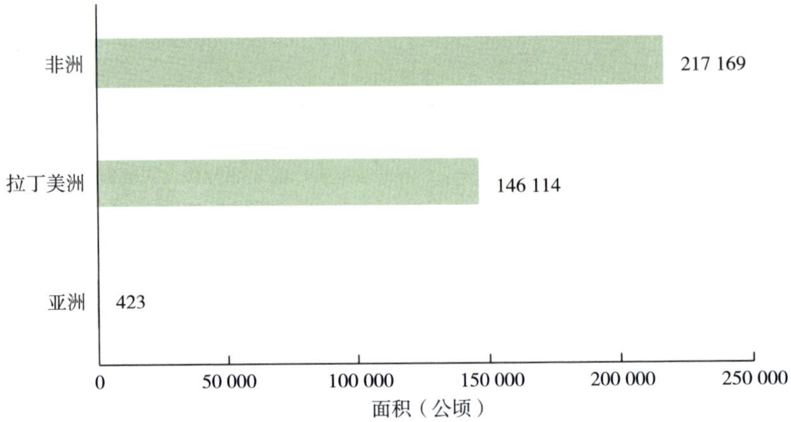

图2-38　2019年各地区有机可可豆种植面积分布

（数据来源：2021年FiBL调查）

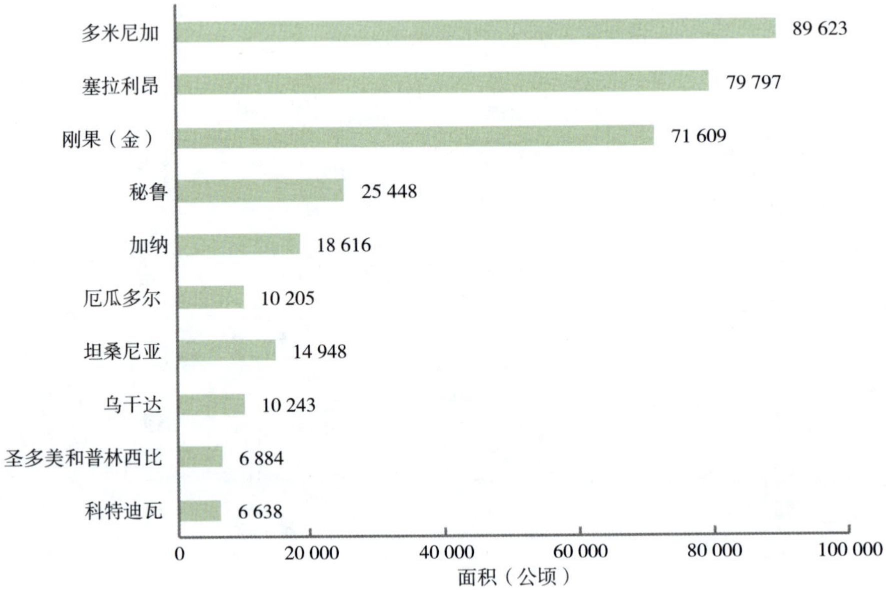

图2-39　2019年有机可可豆种植面积位列前十位的国家/地区

（数据来源：2021年FiBL调查）

2.2.7.4　咖　啡

2019年，有机咖啡的种植面积超过70.9万公顷，占全球咖啡种植总面积的6.7%，详情见图2-40至图2-42。

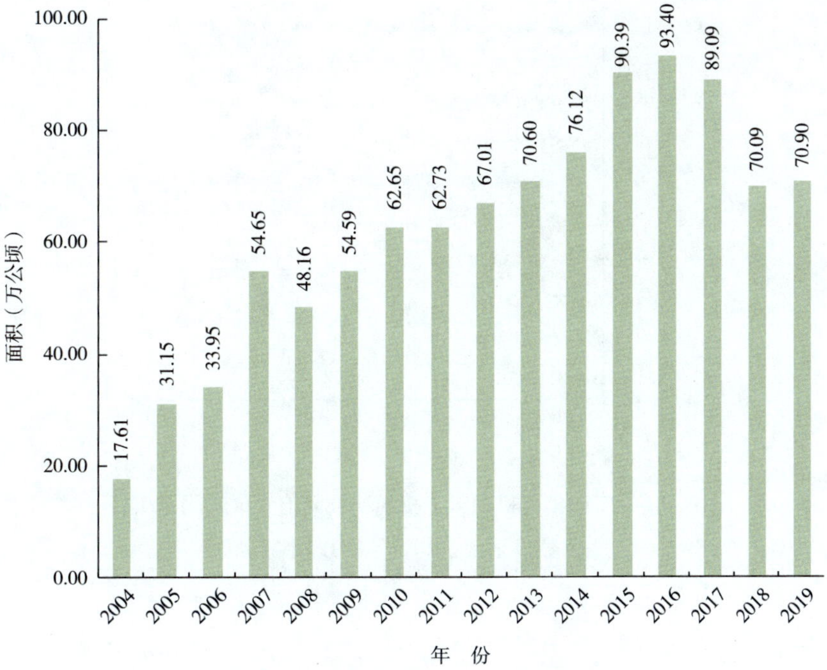

图2-40　2004—2019年全球有机咖啡种植面积发展情况

（数据来源：2021年FiBL调查）

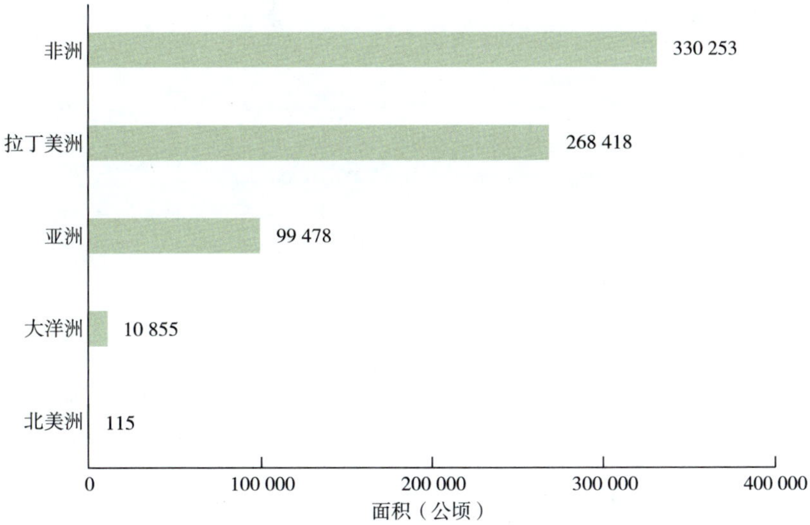

图2-41　2019年各地区有机咖啡种植面积分布

（数据来源：2021年FiBL调查）

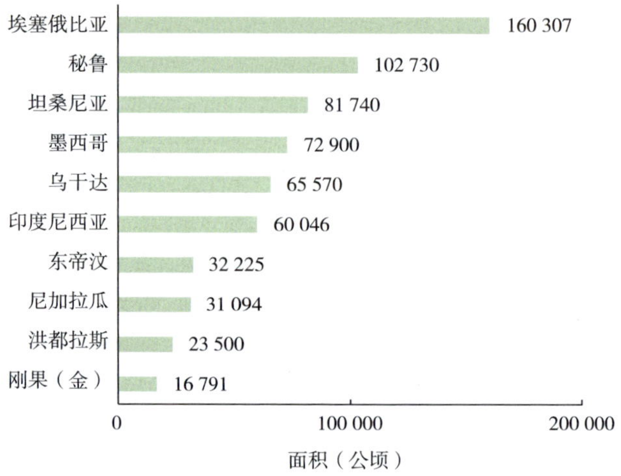

图2-42　2019年有机咖啡种植面积位列前十位的国家/地区

（数据来源：2021年FiBL调查）

2.2.7.5　干豆类[①]

2019年，有机干豆类的种植面积近80.7万公顷，占全球干豆类种植总面积的0.8%，详情见图2-43至图2-45。

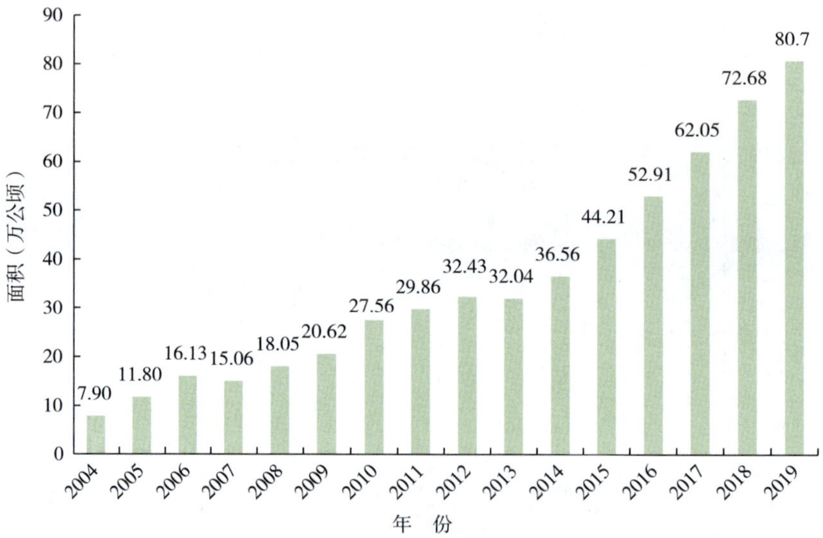

图2-43　2004—2019年全球有机干豆类作物种植面积发展情况

（数据来源：2021年FiBL调查）

① 在本年鉴往年的版本中，这一类别被称为“蛋白质作物”。为了与欧盟统计局命名法相统一，现在将其改为“干豆类”。

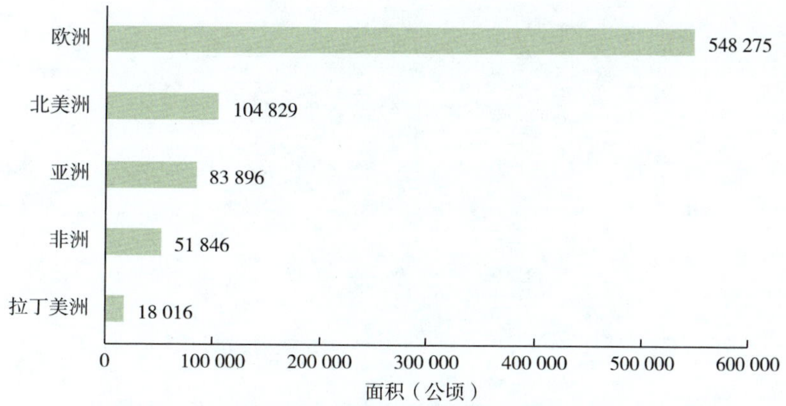

图2-44　2019年各地区有机干豆类作物种植面积分布

（数据来源：2021年FiBL调查）

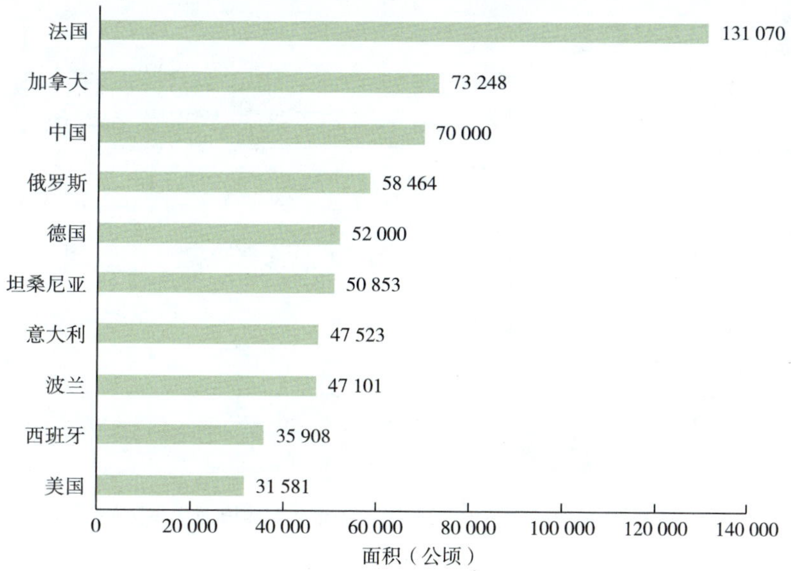

图2-45　2019年有机干豆类作物种植面积位列前十位的国家/地区

（数据来源：2021年FiBL调查）

2.2.7.6　温带水果

2019年，有机温带水果的种植面积超过30.8万公顷，占全球温带水果种植总面积的2.6%，详情见图2-46至图2-49。

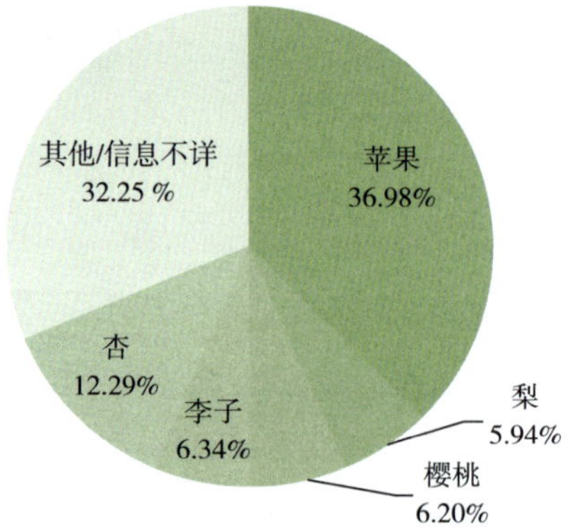

图2-46　2019年全球有机温带水果品类种植面积发展情况

（数据来源：2021年FiBL调查）

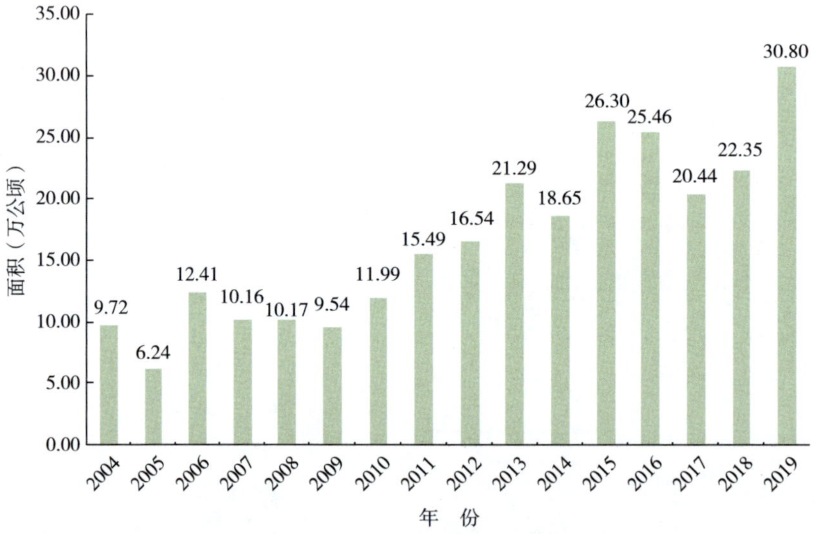

图2-47　2004—2019年全球有机温带水果种植面积发展情况

（数据来源：2021年FiBL调查）

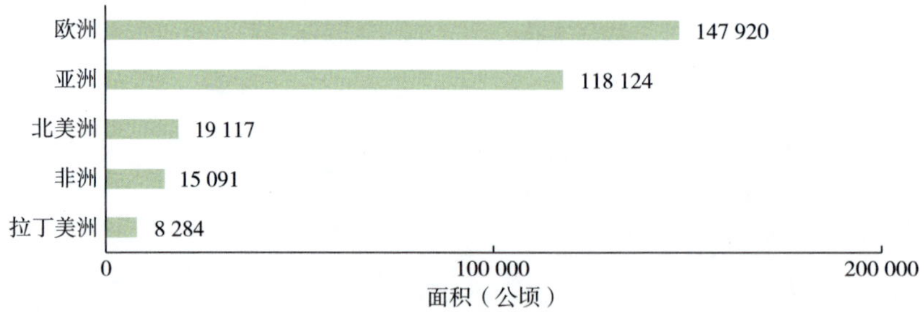

图2-48　2019年各地区有机温带水果种植面积分布

（数据来源：2021年FiBL调查）

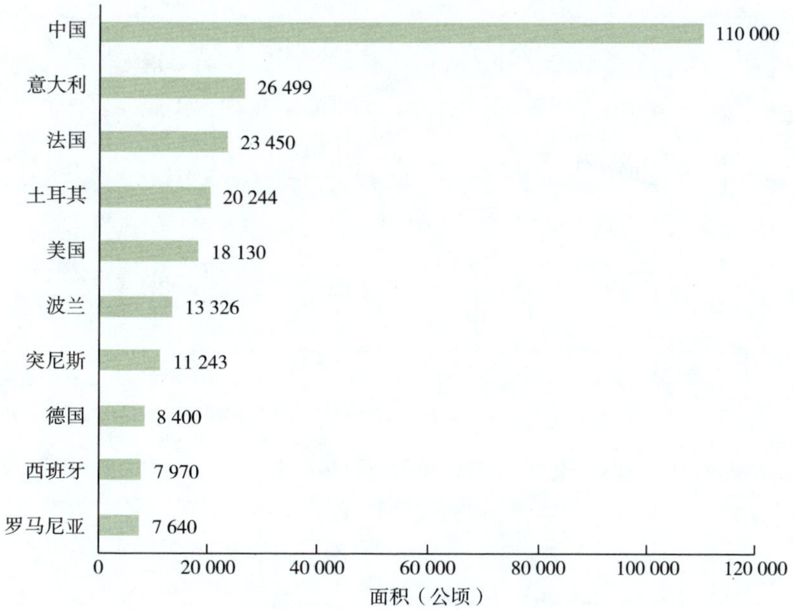

图2-49　2019年有机温带水果种植面积位列前十位的国家/地区

（数据来源：2021年FiBL调查）

2.2.7.7　热带及亚热带水果

2019年，有机热带及亚热带水果的种植面积约为23.7万公顷，占全球有机热带及亚热带水果种植总面积的0.9%，详情见图2-50至图2-53。

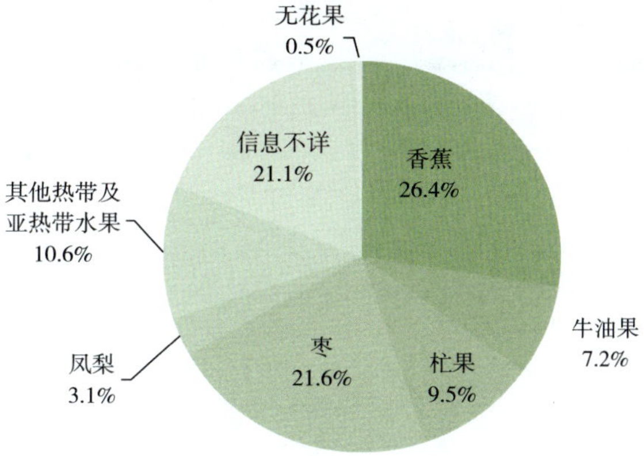

图2-50　2019年全球有机热带及亚热带水果种植面积分类占比情况

（数据来源：2021年FiBL调查）

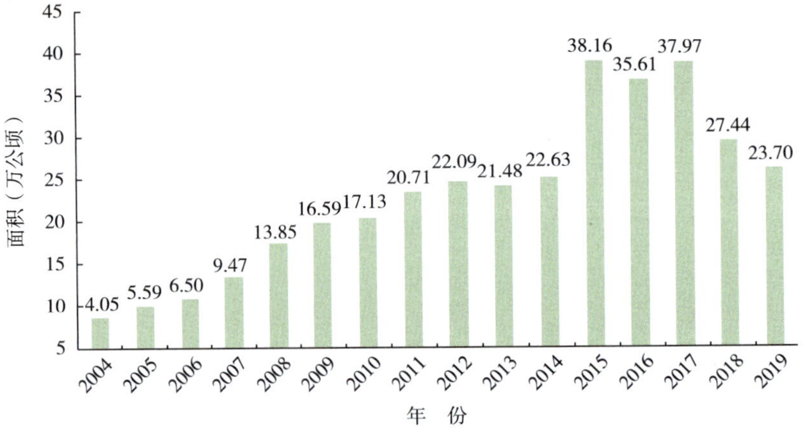

图2-51　2004—2019年有机热带及亚热带水果种植面积发展情况

（数据来源：2021年FiBL调查）

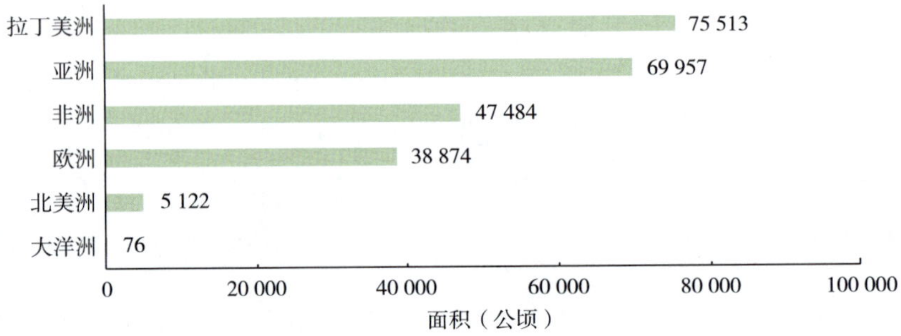

图2-52　2019年各地区有机热带及亚热带水果种植面积分布

（数据来源：2021年FiBL调查）

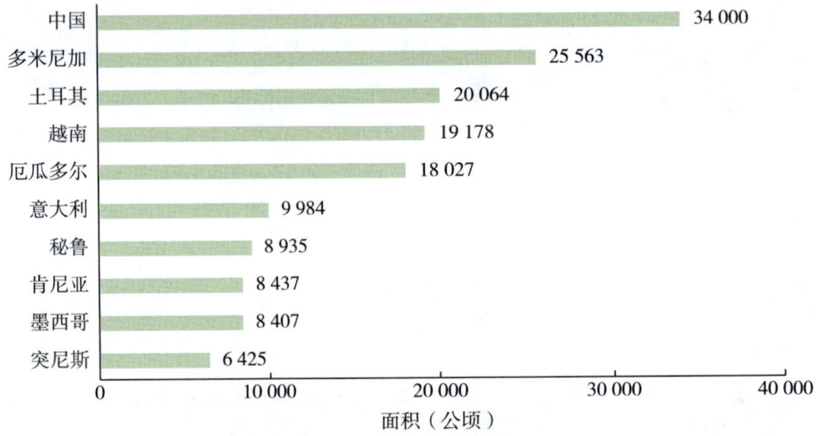

图2-53　2019年有机热带及亚热带水果种植面积位列前十位的国家/地区

（数据来源：2021年FiBL调查）

2.2.7.8 葡　萄

2019年，有机葡萄的种植面积近46.8万公顷，占全球葡萄种植总面积的6.7%，详情见图2-54至图2-56。

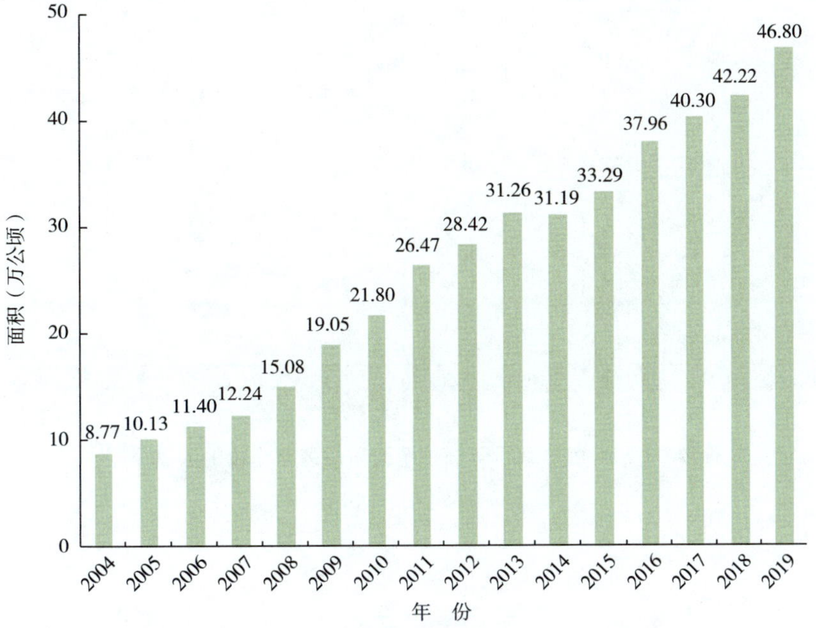

图2-54　2004—2019年有机葡萄种植面积发展情况

（数据来源：2021年FiBL调查）

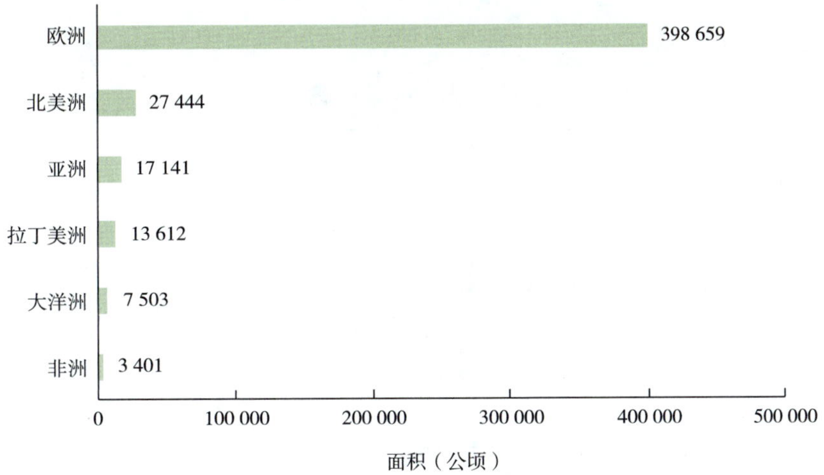

图2-55　2019年各地区有机葡萄种植面积分布

（数据来源：2021年FiBL调查）

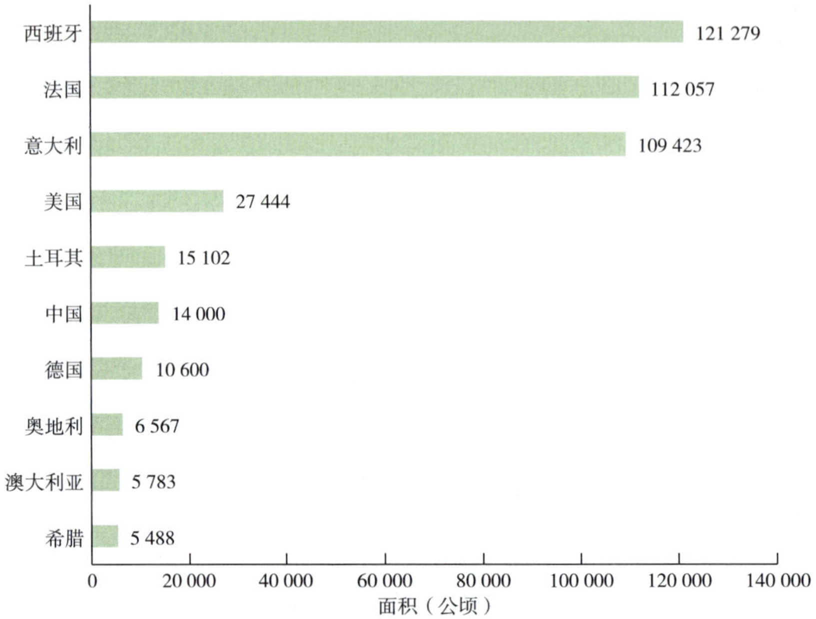

图2-56　2019年有机葡萄种植面积位列前十位的国家/地区

（数据来源：2021年FiBL调查）

2.2.7.9　油料作物

2019年，有机油料作物的种植面积超过167.6万公顷，占全球油料作物种植总面积的0.7%，详情见图2-57至图2-60。

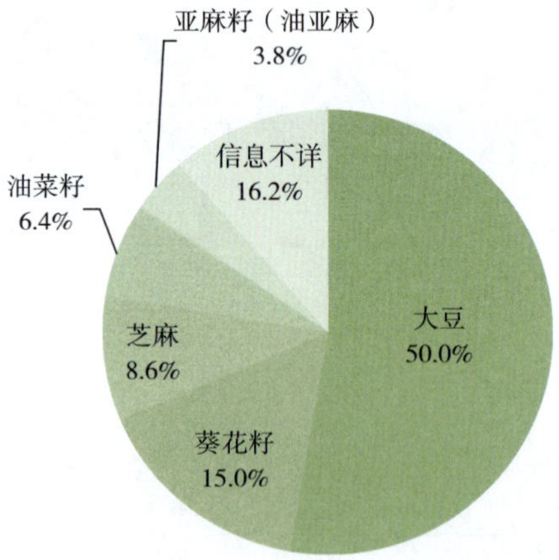

图2-57　2019年全球有机油料作物种植面积分布情况

（数据来源：2021年FiBL调查）

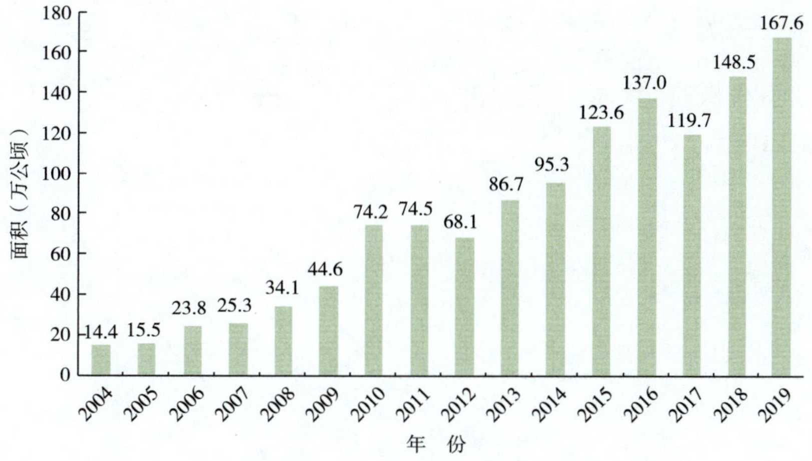

图2-58 2004—2019年有机油料作物种植面积发展情况

（数据来源：2021年FiBL调查）

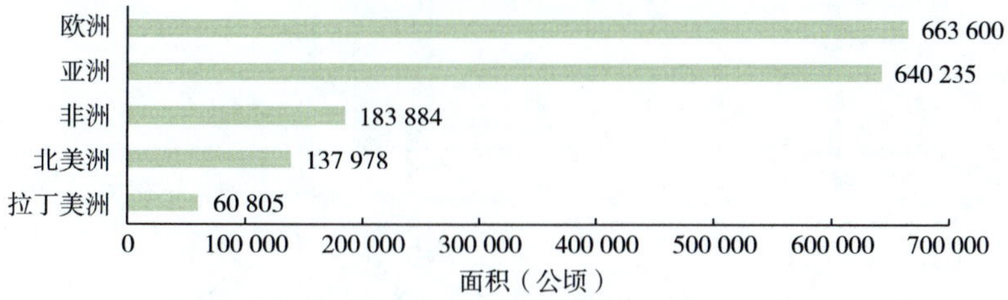

图2-59 2019年各地区有机油料作物种植面积分布

（数据来源：2021年FiBL调查）

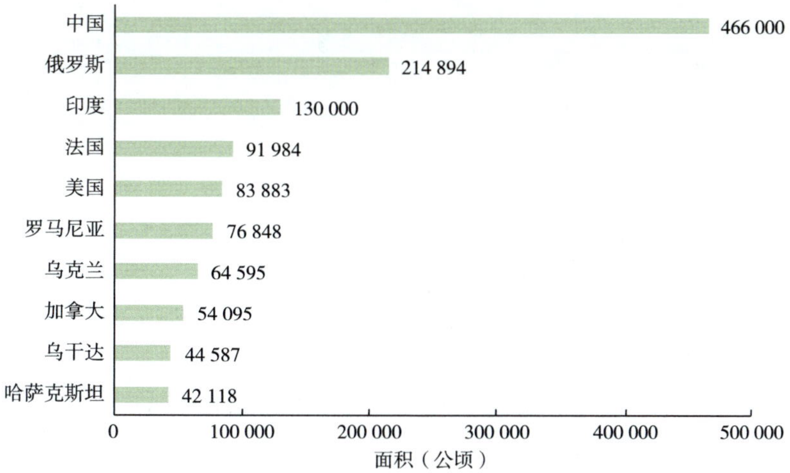

图2-60 2019年有机油料作物种植面积位列前十位的国家/地区

（数据来源：2021年FiBL调查）

2.2.7.10 橄　榄

2019年，有机橄榄的种植面积超过88.1万公顷，占全球橄榄种植总面积的8.4%，详情见图2-61至图2-63。

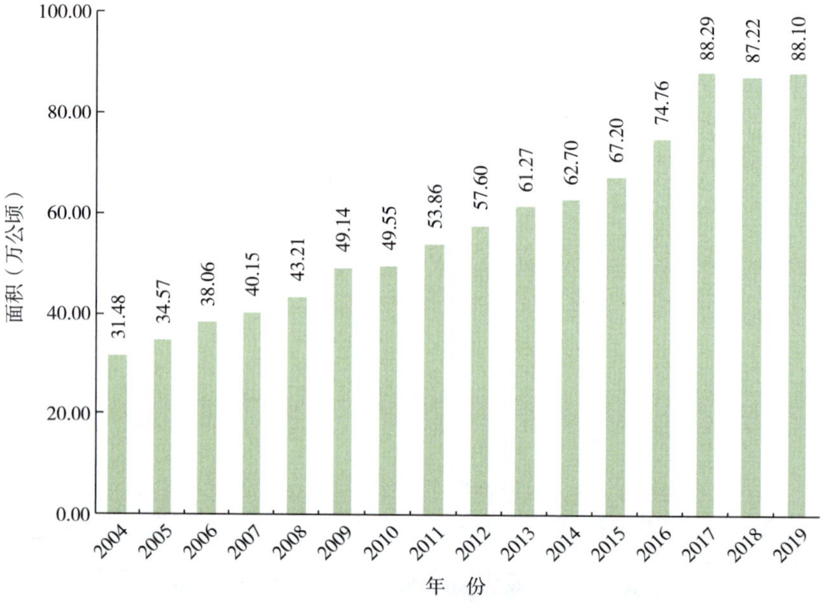

图2-61　2004—2019年有机橄榄种植面积发展情况

（数据来源：2021年FiBL调查）

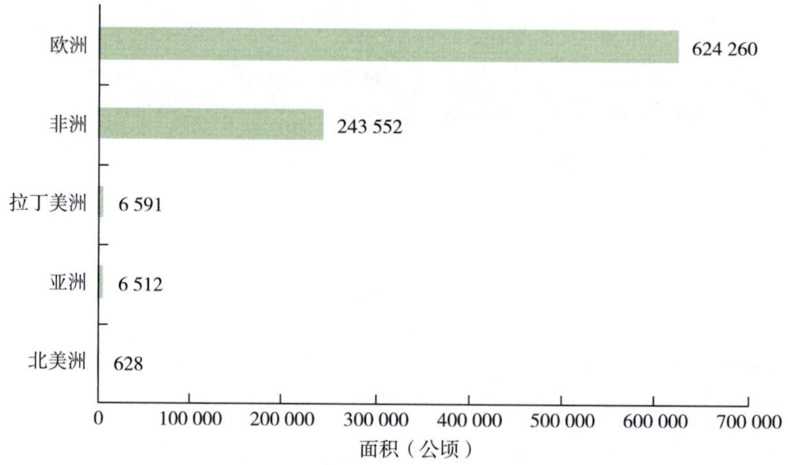

图2-62　2019年各地区有机橄榄种植面积分布

（数据来源：2021年FiBL调查）

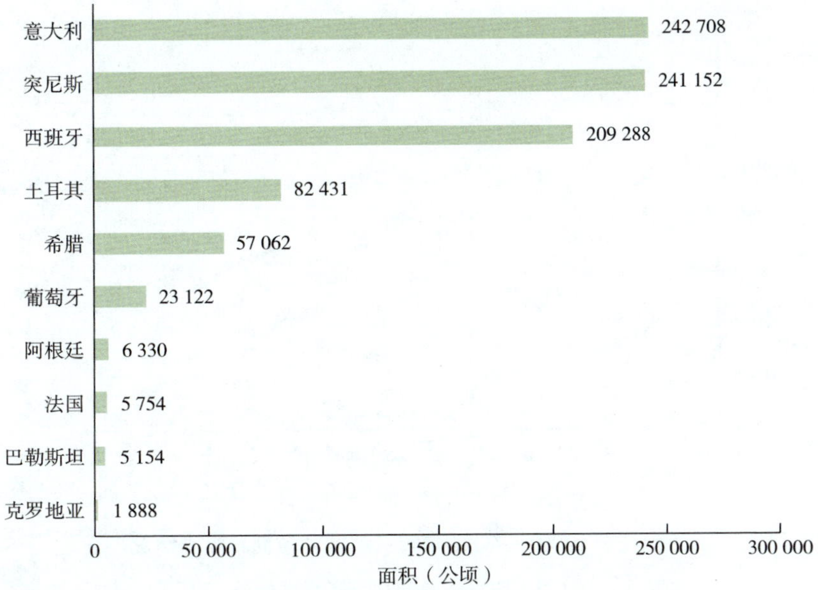

图2-63 2019年有机橄榄种植面积位列前十位的国家/地区

（数据来源：2021年FiBL调查）

2.2.7.11 蔬 菜

2019年，有机蔬菜种植面积超过43.3万公顷，占全球新鲜蔬菜种植总面积的0.7%，详情见图2-64至图2-67。

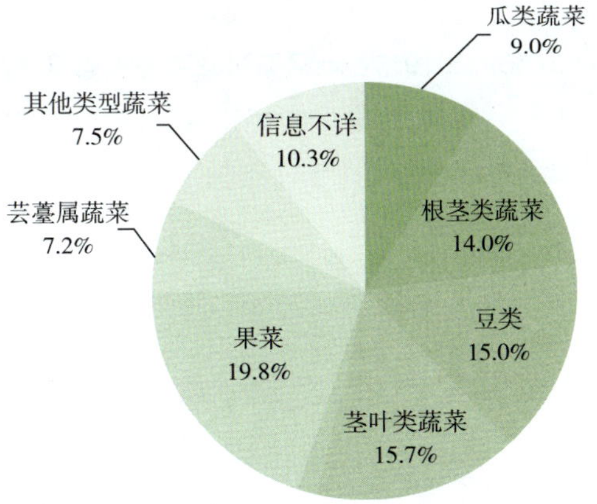

图2-64 2019年全球有机蔬菜种植类型占比情况

（数据来源：2021年FiBL调查）

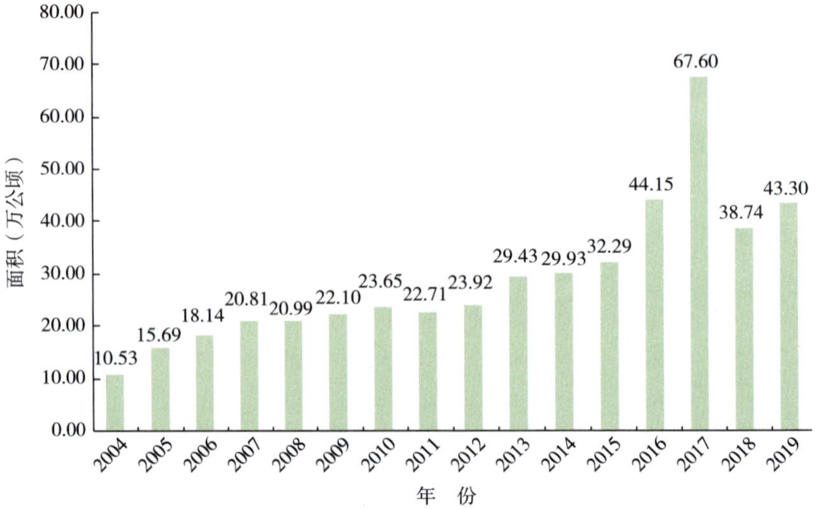

图2-65　2004—2019年有机蔬菜种植面积发展情况

（数据来源：2021年FiBL调查）

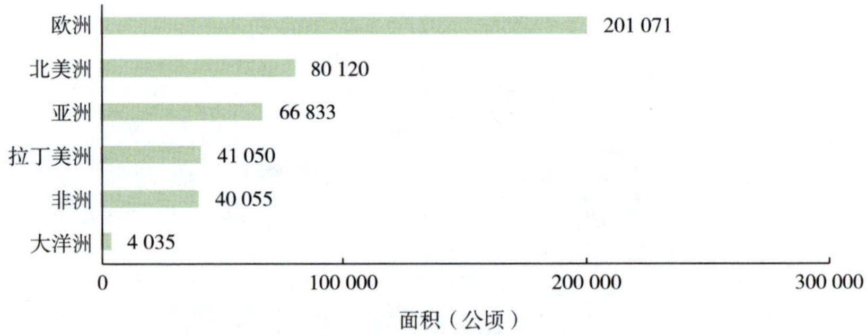

图2-66　2019年各地区有机蔬菜种植面积分布

（数据来源：2021年FiBL调查）

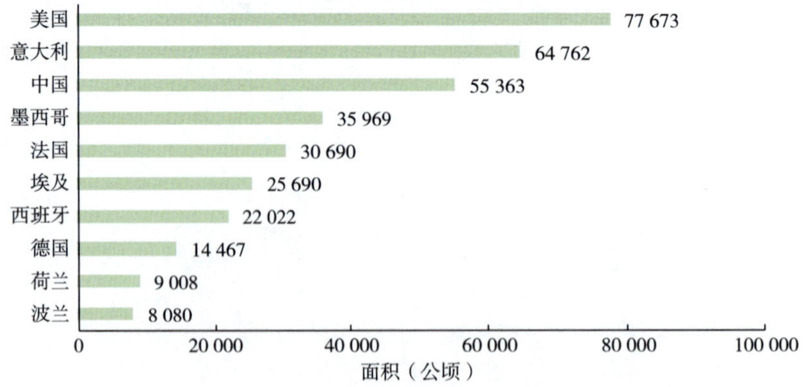

图2-67　2019年有机蔬菜种植面积位列前十位的国家/地区

（数据来源：2021年FiBL调查）

2.3 有机棉[①]

2.3.1 全球发展趋势

2017/2018年度全球有机棉产量增长了56%。增长态势持续到了2018/2019年度，进一步增长了31%，全球产量达到自2009/2010年度金融危机以来历史最高的239 787吨。预测表明，目前的增长趋势将在下一年度继续保持，但增长幅度会略有减少，预计将增长10%左右。

2018/2019年度，全球约有222 134名农民生产经认证的有机棉，分布在19个国家。他们在418 935公顷的认证土地上进行生产。尽管种植有机棉的国家数量保持不变，但名单中的国家略有变化：塞内加尔临时退出了有机棉的认证，而巴基斯坦则加入了有机认证，并且在2018/2019年度首次获得了有机棉的认证。

产量最高的7个有机棉生产国家保持稳定，仅有的变化为坦桑尼亚超越美国排名第六位。有机棉生产排名前七位的国家分别是印度、中国、吉尔吉斯斯坦、土耳其、塔吉克斯坦、坦桑尼亚和美国。

印度是2018/2019年度全球有机棉产量增长的最大贡献者，共计增加了37 138吨。土耳其也是生产有机棉的重要贡献者，其次是塔吉克斯坦、中国和乌干达。印度和巴基斯坦是2018/2019年度有机土地转换面积最多的国家，分别为23 251公顷和17 632公顷，其次是土耳其、希腊和塔吉克斯坦。

2.3.2 各地区生产概况

尽管在2018/2019年度共有19个国家种植了有机棉，但其中约97%的产量仅来自7个国家：印度（51%）、中国（17%）、吉尔吉斯斯坦（10%）、土耳其（10%）、

---

① 本节为《2019年度有机棉市场报告》的梗概版，该报告由Lisa Barsley、Evonne Tan、Liesl Truscott和Amish Gosai撰写，且由以下纺织品交易所区域代表收集生产数据：Atila Ertem（土耳其和中亚）、Amish Gosai（印度）、Sandra Marquardt（美国）、Silvio Moraes（拉丁美洲）、Leonard Mtama（东非）、Silvère Tovignan（西非）及Lazare Yombi（西非）。翻译：中国农业大学经济管理学院博士生导师、国家农业农村发展研究院研究员王玉斌，中国农业大学经济管理学院博士研究生姜昊辰。

《2019年度有机棉市场报告》可查阅https://store.textileexchange.org/product/2019-organic-cotton-market-report/。

获取更多纺织品交易所信息请登录https://textileexchange.org/。

获取更多有机棉信息请登录http://www.aboutorganiccotton.org。

塔吉克斯坦（5%）、美国（2%）和坦桑尼亚（2%）。其余约3%的有机棉产量来自乌干达（1.08%）、希腊（0.49%）、贝宁（0.42%）、秘鲁（0.23%）、布基纳法索（0.19%）、巴基斯坦（0.17%）、埃及（0.12%）、埃塞俄比亚（0.05%）、巴西（0.04%）、马里（0.03%）、阿根廷（0.005%）和泰国（0.003%）。

2.3.3 非洲有机棉

在2018/2019年度非洲生产有机棉的国家包括东部的埃塞俄比亚、坦桑尼亚和乌干达，以及西部的贝宁、布基纳法索和马里。在非洲，共有46 264户农民在51 576公顷的土地上生产了9 527吨的有机棉。与上一生长季相比，增长了35%。目前非洲有机棉花产量占全球总产量的4%。除此之外，坦桑尼亚有1 661公顷的棉花种植地转换为有机种植。

参考文献和扩展资料

Bergleiter S.，Berner N.，Censkowsky U.，et al，2009. Organic aquaculture 2009 - production and markets[M]. Munich：Organic Services GmbH and Gräfelfing，Naturland e.V.

Food and Agriculture Organization of the United Nations（FAO），2010. Organic aquaculture：The future of expanding niche markets[EB/OL]. http://www.fao.org/docrep/015/i2734e/i2734e04c.pdf.

Potts Jason，Wilkings Ann，Lynch Matthew，et al，2016. State of sustainability initiatives review：Standards and the blue economy[EB/OL]. International Institute for Sustainable Development，Manitoba，Canada.http://www.iisd.org/ssi/standards-and-the-blue-economy/.

3 全球有机食品进口市场

3.1 全球有机食品（含饮料）市场[①]

3.1.1 概　况

新冠肺炎的大流行被称为是一场对健康、社会和经济产生了多层影响的危机。自2020年春季开始以来，它对我们的生活产生了深远的影响，也增加了消费者对有机食品的需求。

① 本节作者：Amarjit Sahota（Ecovia Intelligence）；翻译：姚韫喆。本节根据Ecovia Intelligence公司（原名Organic Monitor）在《全球食品和饮料市场》中的持续性研究内容编写。未经Ecovia Intelligence书面同意，本章内容不得复制或用于其他商业出版物。如需获得许可，请写信至：

Ecovia Intelligence
79 Western Road，London W5 5DT，UK
Phone：（44）20 8567 0788
e-mail：services@ecoviaint.com，www.ecoviaint.com

在新冠肺炎疫情期间，有机食品的销售正在增加。2020年3月以来，全球零售商都报道了显著的销售增长。随着对个人健康、保健和营养的关注，消费者正在转向有机食品。

Ecovia Intelligence预测，未来几年的需求将继续沿着积极的轨道发展。前期消费者对健康和食品的担忧是有机食品销售增长的初始点，随后的需求保持稳定。但是，当前的危机可能会引起更多长期的后果，诸如粮食安全、透明度和供应链完整性等可持续性问题可能会变得更加突出。有机食品作为可持续的农业形式，很可能会受益于食品工业向“后新冠疫情时期”的过渡。

3.1.2　全球市场情况

2019年有机食品和饮料的国际销售额达到1 120亿美元。自2013年以来，市场增长了55%。尽管北美洲和欧洲的销售额最多，但是这些地区的有机市场占比（约90%）正在缩小。2000年，这两个地区的销售额曾占全球的97%。全球更多地区的有机食品市场正在发展，新冠肺炎疫情的危机预计将加速这一趋势。尤其是中国、印度、巴西和印度尼西亚等发展中国家在未来几年中很可能会出现有机市场占比的快速增长。

3.1.3　关于新型冠状病毒对有机食品行业的影响

新冠肺炎疫情改变全球有机食品行业的6种主要方式如下。

3.1.3.1　食品供应链的去全球化

有人认为，新冠肺炎的流行使全球化进程停滞。疫情凸显了国际供应链的脆弱性。随着各国采取紧急措施，比如一些国家停止了农产品出口，部分原材料的供应被中断了。有机原材料的供应链持续受到较高货运成本和较长交货时间的不利影响。疫情发生前，很多有机食品公司和原材料公司都建立起了国际供应链，然而事实证明，新冠肺炎危机中的赢家却是那些拥有距离本国较近供应链的公司，那些依赖于其他地理区域生产有机原材料的运营商受到的负面影响最大。前方的发展道路似乎更多地指向本地或区域性供应链。

3.1.3.2　食品安全

病毒大流行再次印证了食品安全的重要性。一些国家政府看到本国食品供应链的脆弱性，疫情期间被迫集中精力保持食品供应网络的运转，像新加坡和阿联酋这样的国家必须确保疫情期间粮食进口不被中断。由此我们预期，在未来几年中会看到更多政府将投资于国内本地农业和食品的生产。对于获得安全、充足和营养食物的讨论很可能会被提到政治日程中。考虑到人们越来越认可有机食品对环境和健康的益处，有机食品的生产可能将会发挥重要作用。此前亚洲和非洲国家更多专注于有机食品的出口，之后可能将寻求发展国内市场。

3.1.3.3 政府支持

如果能获得政府的支持，前面提到的两个趋势也许可以加速发展。我们预计各国政府会在有机农业方面进行更多投入以提高其食品工业的韧性。并且，随着各国寻求减少农药的使用和改善土壤的肥力，有机耕作方式将获得更多的鼓励和支持。2020年5月，作为《欧洲绿色协议》的一部分，欧盟宣布了在2030年达到25%的农地有机化的目标。欧盟“从农场到餐桌”的战略旨在改善欧洲的食品安全问题，减少欧洲食品体系对环境的影响。该战略计划在2030年到来之际，将欧洲化学农药的使用减少50%、有害农药的使用减少50%、化肥的使用减少20%、营养损失减少50%。

3.1.3.4 透明度和可追溯性

推动农产品供应链可追溯性和透明度的步伐有望加快。随着有机原料/产品的供应越来越紧张，欺诈和掺假的风险也在增加。可追溯性工具的配置可以用来维护有机产品的完整性，同时，预计区块链的技术也将发挥关键作用。欧洲最大的连锁超市家乐福已经在使用区块链提高其自有品牌有机产品的透明度。泰国政府也计划使用区块链推进有机大米的出口。

3.1.3.5 消费者行为的改变

可以说，新冠肺炎疫情对消费者的影响最大，它改变了我们饮食和购物的方式。从最初的抢购和囤货，到不那么频繁地去实体店购物和转为线上购物，新冠肺炎疫情正在引起消费者态度和行为的重大转变。在危机期间，有机食品的销量得到了增长。但是，消费者对植物性食品、营养补充剂和天然产品的需求同样也在增加。随着消费者更加关注疾病的预防和恢复，他们将目光投向了健康和保健产品。有机行业面临的挑战是确保有机产品的销售能够满足不断变化的消费者行为。有机乳制品的销售已经受到植物性产品的不利影响。如果消费者将有机肉类的销售与道德和营养联系起来，那么有机肉类的销售将遭遇同样的命运。

3.1.3.6 食品零售

线上零售商显然是当前危机的赢家。亚马逊和全食超市一起转向了家庭购物。预计有机食品的线上零售将在未来几年中贡献更多的销售额。大型常规杂货连锁店和致力于有机食品线上销售的零售商将赢得市场占比。有机食品零售商需要适应这个变化，尤其是欧洲和亚洲的有机食品公司。另外，“千禧一代”和“Z世代”[①]的购买力不断增长，有望加速这一趋势。

3.1.4 结 论

20世纪90年代初期，有机食品的概念首次大规模地被引入。经过15年的发展，全球有机产品的销售额在2008年达到了500亿美元。2018年，全球有机食品销售额突破了1 000亿美元大关。随着新冠肺炎疫情改变了我们饮食和购物的方式，接下来，全球有机产品的销售额跃升至1 500亿美元的时机很有可能会在未来几年内发生。

3.2 2019年欧盟有机产品进口情况分析[②]

本节简述了2019年欧盟有机农产品进口的数据[③]，结合2018年的数据对其主要发展形势进行论述，旨在从原产地、目的地和产品分类3个方面阐述欧盟有机进口产品的特点。

2019年，欧盟共进口了324万吨有机产品。与2018年323万吨进口量相比，其增长微不足道（仅增长了0.4%）。2019年欧盟进口的有机产品中几乎有1/3是由荷兰进口的（32%）。其他进口大量有机产品的欧盟成员国有德国（13%）、英国（12%）和比利时（11%）。2004年后加入欧盟的成员国，其有机产品进口增长微乎其微，仅略高于3%。

① “千禧一代”是指生于20世纪时未成年，在跨入21世纪后达到成年年龄的一代人；“Z世代”意指在1995—2009年出生的人，又称网络世代、互联网世代。

② 本节是由FiBL对欧洲委员会的农业市场摘要第17号文件《欧盟有机产品进口—2019年主要发展内容》的总结。翻译：姚韫喆。

③ 本节数据涉及了2019年欧盟28个成员国，包括在2020年正式“脱欧”的英国。

3.2.1 欧盟的主要有机贸易进口国包括中国、乌克兰、多米尼加和厄瓜多尔

70%的欧盟有机进口产品来源于10个国家。这10个国家在2019年对欧盟的出口增加了13%。与2018年相比，美国和阿联酋在对欧盟出口的排名中下滑至前十名之外，取而代之的是哥伦比亚和哈萨克斯坦。

从中国进口的产品主要包括有机豆饼（75%），而厄瓜多尔、多米尼加和秘鲁则向欧盟出口有机热带水果，坚果和香料。有机谷物（含小麦，不包括大米）是欧盟从乌克兰、土耳其和哈萨克斯坦进口的主要产品，而有机糖则是巴西和哥伦比亚出口到欧盟的第一大产品。

3.2.2 主要进口的有机产品

3.2.2.1 热带水果依旧名列进口产品首位

欧盟前十大进口产品类别占其2019年有机产品进口总量的82%。首先是热带水果、坚果和香料，占其进口总量的27%（90万吨），其次是豆饼类占比12%（40万吨），除小麦和大米以外的谷类食品占比7%（20万吨），甜菜和蔗糖占比7%（20万吨）。

与2018年有机进口产品相比，以下有机品类的进口量有着显著增加：热带水果、坚果和香料（增长了13%），豆饼类（增长了13%），糖（增长了29%），蔬菜（增长了8%），未经烘焙的咖啡、茶和马黛茶（增长了11%），以及大豆（增长了25%）。此外，欧盟2019年首次进口了非常少量的有机奶酪（1.2吨）。

前十大产品类别中的其余品类与2018年相比有所下降：除小麦和大米以外的谷物减少了8%，小麦减少了16%，大豆以外的油料作物减少了17%，柑橘类水果和热带水果以外的水果减少了8%。

3.2.2.2 近1/5的进口橄榄油是有机产品

对于某些产品类别，有机产品的预估数量占进口总量的很大比例。特别是橄榄油，据估计有近20%的进口橄榄油都是有机橄榄油。而对于其他产品类别，其有机进口量最多占进口总量的10%，绝大多数产品则不到5%。总体来看，有机农产品的进口量约占农产品进口总量的2%。

3.2.2.3 有机谷物、油料、糖类及其副产品的进口

有接近一半的进口有机产品属于季节性作物产品类别及其副产品（150万吨）。油料作物、豆饼和植物油的数量略高于70万吨，其中，进口最多的是豆饼（92%为豆粕），它是欧盟牲畜生产（特别是有机猪肉和家禽）的重要饲料成分。谷物和面粉为50万吨，主要是小麦和玉米。余下的20万吨是糖。

2019年，有机油料作物及其副产品的进口量平均增长了6%。在这些产品类别中，只有除大豆外的油料作物进口量与2018年相比是减少的。对于谷物（包括小麦和大米），所有品类的有机进口量均出现了下降，导致2019年进口量平均下降28%。糖的进口量则增加了29%。

欧盟有超过80%的有机豆饼是从中国进口的。油料作物的主要产地是中国、乌克兰和印度，大豆主要从多哥进口，其他油料作物是从土耳其进口的。大部分有机谷物（不包括大米）是从乌克兰（小麦32%，其他谷物77%）和土耳其（小麦22%，其他谷物11%）进口，有部分小麦从哈萨克斯坦进口（31%）。巴基斯坦和印度是欧盟有机大米进口的主要国家（分别占有机大米进口总量的36%和25%）。欧盟有3/4的有机糖是从巴西（27%）、哥伦比亚、印度（均为18%）和巴拉圭（14%）进口的。

3.2.2.4 有机水果和蔬菜的进口

水果和蔬菜是欧盟进口有机产品的第二大类别，2019年的总进口量为135万吨，占有机产品进口总量的42%。热带水果、坚果和香料进口量占比最大，为66%，主要的进口热带水果是香蕉，占热带水果进口总量的85%。

2019年有机水果和蔬菜的进口量增加了8%。热带水果、坚果和香料的进口量尤其强劲，2019年的进口量近90万吨，增长了13%。另外，有两个品类的进口量与2018年相比有所减少：除柑橘类水果以外的水果（下降了8%）和果汁（下降了3%）。

有机热带水果、坚果和香料主要从多米尼加（占进口总量的34%，30万吨）、厄瓜多尔（占进口总量的31%）和秘鲁（占进口总量的15%）进口。进口的有机柑橘类水果中几乎有一半来自南非（46%），而其他有机水果主要来自土耳其（25%）和阿根廷（17%）。进口的有机果汁有一半来自土耳其和墨西哥（均为25%）。中东国家则是有机蔬菜的主要产地，包括埃及（26%）、以色列（22%）和土耳其（17%）。对于蔬菜、水果或坚果的制品，所有原产国向欧盟的出口量都高于这些国家向其他地区的出口量。

3.2.2.5 有机多年生作物的进口（不包含水果和坚果）

除了有机水果和坚果，欧盟还进口了26万吨有机多年生作物产品及其副产品，主要包括未经烘焙的咖啡、散装茶和马黛茶（54%，其中92%为咖啡），以及可可豆（25%）。与2018年相比，这些产品类别下的有机进口总量在2019年略有增加（增长3%）。未经烘焙的咖啡、散装茶和马黛茶进口量增加了11%，而可可豆的进口量则同比下降了11%。

未经烘焙的咖啡主要从秘鲁和洪都拉斯进口，占欧盟咖啡进口总量的58%（秘鲁32%，洪都拉斯26%）。可可豆主要来自多米尼加（37%）、秘鲁（20%）和塞拉利昂（17%）。突尼斯是向欧盟出口有机橄榄油的唯一国家。智利和阿根廷分别向欧盟出口了1/3的有机葡萄酒、苦艾酒、苹果酒和醋，另外1/3的上述产品则主要从南非和澳大利亚进口。

3.2.2.6 有机动物产品的进口

蜂蜜是欧盟主要的进口有机动物产品。与2018相比，2019年的进口量保持稳定，约为1.8万吨。除蜂蜜外，欧盟的有机动物产品进口量微不足道，2019年进口总量不到1 000吨。

中国、墨西哥和巴西是向欧盟出口鸡蛋和蜂蜜的主要国家。牛肉类和非食用动物产品主要从乌拉圭进口。有机绵羊和山羊肉来自新西兰。从美国则进口了1吨奶酪。

参考文献

European Commission，2020. EU imports of organic agri-food products-Key developments in 2019[EB/OL]. EU Agricultural Market Brief No 17 of June 2020. European Commission，Brussels. https://ec.europa.eu/info/food-farming-fisheries/farming/facts-and-figures/performance-agricultural-policy/studies-and-reports/market-analyses-and-briefs_en.

4 标准、法规和政策支持

4.1 全球有机农业立法现状①

IFOAM国际有机联盟和瑞士有机农业研究所（FiBL）收集的数据显示，截至2020年，全球已有72个国家全面实施有机监管法规，有22个国家的有机监管法规尚未完全实施，另有14个国家正在起草相关法规（表4-1）。

马达加斯加和埃及于2020年通过了新的有机监管法规，美国和一些欧盟国家正在对其现有法规进行重大修订，菲律宾和秘鲁已于2020年内完成了现有法规的修订。

① 本节作者：Cornelia Kirchner、Joelle Katto-Andrighetto和Flávia Moura e Castro；翻译和作图：中国农业大学经济管理学院博士生导师、国家农业农村发展研究院研究员王玉斌，中国农业大学经济管理学院博士研究生姜昊辰。

表4-1 2020年有机农业法规立法情况（按国家所在区域划分） （单位：国）

区 域	起草中	全面实施	尚未完全实施	总 计
非 洲	5	1	4	10
亚 洲	7	10	11	28
欧 洲		39	4	43
拉丁美洲及加勒比海地区	2	16	3	21
北美洲		2		2
大洋洲		4		4
总 计	14	72	22	108

数据来源：2021年IFOAM国际有机联盟调查。

4.1.1 马达加斯加、埃及和俄罗斯通过了新的有机监管法规

4.1.1.1 马达加斯加通过了确保有机监管有效且不会阻碍增长的新有机法规

马达加斯加于2020年5月颁布了第一部有机监管法规，即2019年11月28日第10/2019号法案。该法案是在私营部门、生产者组织、非政府组织、认证机构、研究机构以及相应的政府部门密切合作下制定的。它旨在为以当地市场为目标的生产者建立起国家有机标准框架。同时它也承认其他有机标准（特别是那些已经用于出口的有机标准）的等效性，因此获得此类标准认证的产品可以继续在国内市场上以有机形式销售。该有机法规的另一个优势是它认可参与式保障体系（PGS）为国内市场的有效认证手段，从而鼓励了小型生产者参与到该行业中。与其他第三方认证相比，获得该类证书的成本更低，更适合那些面向国内市场的小农户。马达加斯加政府下一步将制定补充性立法，包括国家有机标准和首部国家有机农业发展战略。

4.1.1.2 埃及颁布新的有机监管法案

2020年1月，埃及议会通过了第一部有机监管法规。该法规旨在限制种植业和畜牧

① 当前等效协议的相关信息请查询https://www.ifoam.bio/equivalence-tracker。

业中依赖合成化学物质的耕作方法并降低其负面影响。但是其中许多细节仍待商榷，包括生产规则、控制程序和进出口条件等。

4.1.1.3 俄罗斯正式实施有机监管法规

俄罗斯于2018年7月通过的有机监管法规（第280号联邦法）自2020年1月起正式生效。该法规首次规范了该国有机产品的生产、储存、运输、标签和营销，并包含将为有机生产者建立统一的州级注册机构等内容。

4.1.2 美国、欧盟、菲律宾、秘鲁和墨西哥等国正在进行或已完成了有机法规的重要修订

4.1.2.1 美国《有机监管法规》的修订旨在加强有机监管的执法效力

2020年8月，美国国家有机计划（NOP）发布了一项修订美国农业部《有机监管法规》的提案，旨在加强对有机供应链的监督和执行。在初稿中提出的主要修订内容包括：减少对操作员的有机认证的豁免；强制使用NOP电子进口证书；增加可追溯性和质量平衡/供应链审核；修订对于种植群体的要求，以规范和加强监管。该修订过程预计将持续到2021年。

4.1.2.2 欧盟（EU）有机监管法规的修订过程仍在继续

欧盟的《有机基本法案》与新的有机监管法规（2018/848号法案）于2018年同时通过。生产、标签、监管和贸易等的补充法规（实施和授权法案）的起草工作也于2018年正式开始，并将持续到2021年。新法规生效的时间表如下：新的欧盟有机法规生效时间为2022年1月1日；认证机构应用欧盟标准并从等效过渡到遵守的过渡期为自法规生效之日起的3年之内；与目前被视为对等的国家进行贸易协定谈判的过渡期为自法规生效之日起的5年之内。

4.1.2.3 菲律宾立法认可PGS被传为一段佳话

菲律宾参议院于2020年批准了《2010年有机农业法案》（2010年共和国第10068号法案）修正案。该修正案包括PGS作为官方认可的有机农业认证系统以及第三方认证。菲律宾在实施PGS方面已有超过15年的历史，是世界领先的国家之一。同时，PGS也受到了许多地方政府部门的积极支持。实践证明PGS系统是保证国内市场有机产品质量的

可靠工具，同时也十分适用于小型生产者。从无到有的PGS认证的法律效力是菲律宾有机部门利益相关者10年来大力宣传的结果。菲律宾政府在与该行业从业者密切协商后，起草了适用于本国PGS项目的法规。

4.1.2.4 秘鲁认可PGS的《有机监管法修正案》受到指责

秘鲁是另一个现已正式认可PGS的国家。2020年2月，秘鲁政府批准了《有机监管法修正案》（2012年第29196号法律）。该修正案承认了PGS是法律认可的有机农业认证实体，与其他第三方认证机构地位等同。尽管获得了认可，参与PGS及秘鲁有机行动的许多参与者仍对该法案保持批判看法。他们担心本国现有的PGS相关法律及其架构将不被重视，并且官僚作风可能随之而来。现存的许多PGS团体很可能将难以加入政府认可的项目中，较高的壁垒会限制小农户和偏远地区团体的参与。

4.1.2.5 墨西哥扩大了法规范围

墨西哥修订了其于2013年发布的《有机监管法规》。该修订将监管范围扩大到养蜂业和水产养殖，以使该法规与国际法规步调一致，旨在促成其与主要出口市场（如美国、加拿大和欧盟）的等效协议。

4.1.3 世界各国有机农业立法现状

世界各国有机农业立法现状见表4-2。

如果您可以提供未在表4-2中列出的国家的相关信息，请发送至Cornelia Kirchner（c.kirchner@ifoam.bio）。

表4-2 世界各国家/地区有机农业立法现状

区 域	国家/地区	立法现状	备 注
非 洲	阿尔及利亚	起草中	
	布隆迪		区域自愿性标准：东非有机产品标准（EAOPS）
	喀麦隆	起草中	
	埃 及	尚未全面实施	
	埃塞俄比亚	尚未全面实施	

（续表）

区　域	国家/地区	立法现状	备　注
非　洲	肯尼亚		区域自愿性标准：东非有机产品标准（EAOPS）
	马达加斯加	尚未全面实施	参与式保障体系（PGS）认证
	毛里求斯	起草中	
	摩洛哥	尚未全面实施	
	卢旺达		区域自愿性标准：东非有机产品标准（EAOPS）
	南　非	起草中	
	苏　丹	起草中	
	坦桑尼亚		区域自愿性标准：东非有机产品标准（EAOPS）
	突尼斯	全面实施	
	乌干达		区域自愿性标准：东非有机产品标准（EAOPS）
亚　洲	亚美尼亚	尚未全面实施	
	阿塞拜疆	尚未全面实施	
	孟加拉国	起草中	
	不　丹	起草中	
	柬埔寨	起草中	
	中　国	全面实施	
	印　度	全面实施	参与式保障体系（PGS）认证
	印度尼西亚	全面实施	
	伊　朗	尚未全面实施	
	以色列	全面实施	
	日　本	全面实施	
	约　旦	尚未全面实施	
	哈萨克斯坦	尚未全面实施	
	科威特	全面实施	
	吉尔吉斯斯坦	尚未全面实施	
	黎巴嫩	起草中	
	马来西亚	全面实施	

（续表）

区　域	国家/地区	立法现状	备　注
亚　洲	蒙古国	尚未全面实施	参与式保障体系（PGS）认证
	巴基斯坦	起草中	
	菲律宾	尚未全面实施	参与式保障体系（PGS）认证
	韩　国	全面实施	
	沙特阿拉伯	尚未全面实施	
	斯里兰卡	起草中	
	塔吉克斯坦	尚未全面实施	
	阿联酋	全面实施	
	乌兹别克斯坦	起草中	
	越　南	尚未全面实施	
欧　洲	阿尔巴尼亚	全面实施	
	安道尔	全面实施	
	奥地利	全面实施	强制性区域法规：欧盟有机农业法规（EU Regulation）
	白俄罗斯	尚未全面实施	
	比利时	全面实施	强制性区域法规：欧盟有机农业法规（EU Regulation）
	波　黑	尚未全面实施	
	保加利亚	全面实施	强制性区域法规：欧盟有机农业法规（EU Regulation）
	克罗地亚	全面实施	强制性区域法规：欧盟有机农业法规（EU Regulation）
	塞浦路斯	全面实施	强制性区域法规：欧盟有机农业法规（EU Regulation）
	捷　克	全面实施	强制性区域法规：欧盟有机农业法规（EU Regulation）
	丹　麦	全面实施	强制性区域法规：欧盟有机农业法规（EU Regulation）
	爱沙尼亚	全面实施	强制性区域法规：欧盟有机农业法规（EU Regulation）
	芬　兰	全面实施	强制性区域法规：欧盟有机农业法规（EU Regulation）
	法　国	全面实施	强制性区域法规：欧盟有机农业法规（EU Regulation）
	格鲁吉亚	全面实施	
	德　国	全面实施	强制性区域法规：欧盟有机农业法规（EU Regulation）

（续表）

区　域	国家/地区	立法现状	备　注
欧　洲	希　腊	全面实施	强制性区域法规：欧盟有机农业法规（EU Regulation）
	匈牙利	全面实施	强制性区域法规：欧盟有机农业法规（EU Regulation）
	冰　岛	全面实施	
	爱尔兰	全面实施	强制性区域法规：欧盟有机农业法规（EU Regulation）
	意大利	全面实施	强制性区域法规：欧盟有机农业法规（EU Regulation）
	拉脱维亚	全面实施	强制性区域法规：欧盟有机农业法规（EU Regulation）
	列支敦士登	全面实施	
	立陶宛	全面实施	强制性区域法规：欧盟有机农业法规（EU Regulation）
	卢森堡	全面实施	强制性区域法规：欧盟有机农业法规（EU Regulation）
	马耳他	全面实施	强制性区域法规：欧盟有机农业法规（EU Regulation）
	黑　山	全面实施	
	荷　兰	全面实施	强制性区域法规：欧盟有机农业法规（EU Regulation）
	挪　威	全面实施	
	波　兰	全面实施	强制性区域法规：欧盟有机农业法规（EU Regulation）
	葡萄牙	全面实施	强制性区域法规：欧盟有机农业法规（EU Regulation）
	罗马尼亚	全面实施	强制性区域法规：欧盟有机农业法规（EU Regulation）
	俄罗斯	尚未全面实施	
	圣马力诺	全面实施	
	塞尔维亚	全面实施	
	斯洛伐克	全面实施	强制性区域法规：欧盟有机农业法规（EU Regulation）
	斯洛文尼亚	全面实施	强制性区域法规：欧盟有机农业法规（EU Regulation）
	西班牙	全面实施	强制性区域法规：欧盟有机农业法规（EU Regulation）
	瑞　典	全面实施	强制性区域法规：欧盟有机农业法规（EU Regulation）
	瑞　士	全面实施	
	土耳其	全面实施	
	乌克兰	尚未全面实施	
	英　国	全面实施	强制性区域法规：欧盟有机农业法规（EU Regulation）

（续表）

区　域	国家/地区	立法现状	备　注
拉丁美洲和加勒比海地区	阿根廷	全面实施	
	玻利维亚	全面实施	参与式保障体系（PGS）认证
	巴　西	全面实施	参与式保障体系（PGS）认证
	智　利	全面实施	参与式保障体系（PGS）认证
	哥伦比亚	全面实施	
	哥斯达黎加	全面实施	参与式保障体系（PGS）认证
	古　巴	尚未全面实施	
	多米尼加	全面实施	
	厄瓜多尔	全面实施	参与式保障体系（PGS）认证
	萨尔瓦多	尚未全面实施	
	危地马拉	全面实施	
	洪都拉斯	全面实施	
	牙买加	起草中	
	墨西哥	全面实施	参与式保障体系（PGS）认证
	尼加拉瓜	全面实施	
	巴拿马	全面实施	
	巴拉圭	全面实施	参与式保障体系（PGS）认证
	秘　鲁	全面实施	参与式保障体系（PGS）认证
	圣卢西亚	起草中	
	乌拉圭	全面实施	参与式保障体系（PGS）认证
	委内瑞拉	尚未全面实施	
北美洲	加拿大	全面实施	
	美　国	全面实施	
大洋洲	澳大利亚	全面实施	仅限出口
	斐　济		区域自愿性标准：太平洋有机认证（POS）
	法属波利尼西亚	全面实施	区域自愿性标准：太平洋有机认证（POS）；参与式保障体系（PGS）认证
	基里巴斯		区域自愿性标准：太平洋有机认证（POS）

（续表）

区　域	国家/地区	立法现状	备　注
大洋洲	马绍尔群岛		区域自愿性标准：太平洋有机认证（POS）
	密克罗尼西亚		区域自愿性标准：太平洋有机认证（POS）
	瑙　鲁		区域自愿性标准：太平洋有机认证（POS）
	新喀多尼亚	全面实施	区域自愿性标准：太平洋有机认证（POS）；参与式保障体系（PGS）认证
	新西兰	全面实施	仅限出口
	纽　埃		区域自愿性标准：太平洋有机认证（POS）
	帕　劳		区域自愿性标准：太平洋有机认证（POS）
	巴布亚新几内亚		区域自愿性标准：太平洋有机认证（POS）
	萨摩亚		区域自愿性标准：太平洋有机认证（POS）
	所罗门群岛		区域自愿性标准：太平洋有机认证（POS）
	汤　加		区域自愿性标准：太平洋有机认证（POS）
	图瓦卢		区域自愿性标准：太平洋有机认证（POS）
	瓦努阿图		区域自愿性标准：太平洋有机认证（POS）

数据来源：2021年IFOAM国际有机联盟调查。

4.2　2020年参与式保障体系[1]

参与式保障体系（PGS）是以“当地”为重点的质量保障体系。PGS基于当地利益相关者的积极参与度对生产农户进行评估，并建立在信任、社会网络和知识共享的基础之上（IFOAM定义，2008[2]）。尽管2020年新冠肺炎的大流行带来了诸多困难，但世界范围内参与PGS项目并获得其认证的项目和生产者数量一直在增长。这也代表着许多国家建立起了完善的有机农业担保体系。

① 本节作者：Flávia Mourae Castro、Sara Anselmi、Cornelia Kirchner和Federica Varini；翻译和作图：中国农业大学经济管理学院博士生导师、国家农业农村发展研究院研究员王玉斌，中国农业大学经济管理学院博士研究生任竹凌、姜昊辰。

② 更多关于IFOAM有机农业定义可在IFOAM官网查询，请登录https：//www.ifoam.bio/en/organic-landmarks/definition-organic-agricultur。登录https：//www.ifoam.bio/en/organic-policy-guarantee/participatory-guarantee-systems-pgs可查找PGS的定义。

2020年，秘鲁、菲律宾和马达加斯加将PGS纳入公认的保证体系，以确保产品的有机质量达到国家一级水平。印度和蒙古也正开始实行新颁布的相关法规（涵盖PGS内容），在有机农业法律框架中认可PGS的国家和地区总数达到了15个[①]。

IFOAM国际有机联盟是全球范围内唯一一家收集有关PGS数据的组织。2020年由于新冠肺炎的流行，全球各国广泛采取了限制身体接触和互动的措施，许多PGS项目因此受到了影响。例如，部分定期会议和同行评审无法按计划进行，或是出现无法让所有成员参与其中的现象。本书并未收集到所有国家的最新数据，但已有的数据尽可能地将此类情况展现出来。尽管面临着诸多困难，PGS项目和获得认证的生产者的数量总体上仍呈上升趋势。截至2020年12月10日，PGS数据库已记录了77个国家的235个PGS项目，至少有1 153 220家生产商参与其中，并有1 110 964家生产商获得了认证（图4-1）。据估计，这些生产商经营着超过75.5万公顷的土地[②]。

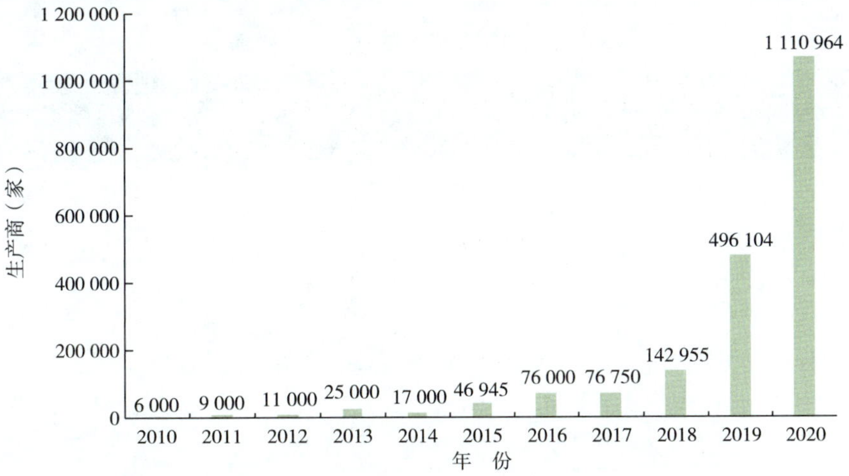

图4-1 2010—2020年全球经PGS认证的生产商发展情况

（数据来源：2020年IFOAM国际有机联盟调查）

4.2.1 全球经PGS认证的生产商发展情况

获得PGS认证的生产商及参与PGS认证的生产商绝大多数位于印度，根据印度农业

① 这15个国家和地区是玻利维亚、巴西、智利、哥斯达黎加、厄瓜多尔、印度、马达加斯加、墨西哥、蒙古国、巴拉圭、乌拉圭、秘鲁、菲律宾、法属波利尼西亚和新喀多尼亚。其中部分国家和地区的最新相关法案尚未完全实施。

② 遗憾的是，并非所有的PGS主体和国家都提供了PGS有机认证区域的数据。

和农民福利部的数据，共有1 078 535家获得PGS认证的生产商，其管理着614 504公顷的农业用地。这与2019年相比较呈现出明显的增长：获得PGS认证的生产商数量增长超过120%，PGS认证面积增加了65%。除了政府的PGS计划之外，民间社会组织“印度PGS有机理事会”也认证了5 553家生产商，其中632家被纳入政府计划。截至2020年11月10日，印度通过PGS认证的生产商总数已达到惊人的1 083 456家。

世界范围内，除印度外共有7个国家拥有超过1 000家获得PGS认证的生产商，分别是巴西（7 821家）、泰国（2 029家）、乌干达（2 044家）、秘鲁（1 790家）、玻利维亚（1 287家）、瓦努阿图（1 269家）和法国（1 147家）。

4.2.2 各区域发展情况

2020年各区域PGS统计数据见表4-3。

表4-3 2020年各区域PGS统计数据

地　区	获得认证的生产商（家）	参与的生产商（家）	PGS实施（项）	PGS计划（项）	PGS认证土地（公顷）
非　洲	5 345	20 161	21	11	1 314
亚　洲	1 088 432	1 102 198	35	24	727 530
欧　洲	1 667	2 070	17	14	4 590
拉丁美洲	12 609	23 584	88	8	9 142
北美洲	655	1 760	1	1	8 440
大洋洲	2 256	3 447	12	3	4 531
总　计	1 110 964	1 153 220	174	61	755 547

数据来源：2020年IFOAM国际有机联盟调查。

4.2.2.1 非　洲

与2019年报告的数据相比，非洲地区的总体数量有所增加。据估计，在非洲国家中有20 161家生产商参与了PGS，其中5 345家获得PGS认证。该区域正在制定11项PGS项目，21项计划正在实施。喀麦隆正在实施PGS的Stso Mbong项目，共有170家生产商参与了该项目，其中22家生产商完成了PGS认证。

布基纳法索、加纳、多哥以及圣多美和普林西比4国参与了有机市场促进发展项目

（OM4D）[①]。据报告显示，参与PGS项目的生产商数量有所增加。在布基纳法索，经PGS认证的生产商总数较上一年翻了一番。在加纳，PGS已为首批18家生产商授予了认证。

4.2.2.2 亚　洲

亚洲的PGS认证生产商数量超过其他区域，至少有1 102 198家生产商参与，1 088 432家获得认证，这比2019年的统计数据多60万家。这一发展始于新法律框架的获准，即国内市场确认PGS与第三方有机认证具有同等认证效力，从而使过去两年加入政府发起、印度国家有机农业中心（NCOF）实施的“PGS—印度”计划的农民人数持续增加[②]。吉尔吉斯斯坦（3 000家）是亚洲继印度之后参与PGS的生产商数量最多的国家，其获得认证的生产商数量也有所上升（2019年增加682家，2020年增加889家），其次是泰国（2 155家）和韩国（2 000家）。泰国（2 029家）继印度之后，占据获得认证生产商数量第二位。亚洲仍然是PGS认证生产商数量第二大区域，仅次于拥有最多可实施PGS计划数量的拉丁美洲和中美洲。

4.2.2.3 欧洲和北美洲

欧洲和北美洲[③]的情况主要来自2019年收集的数据和2020年通过全球PGS计划地图[④]更新或新增的内容。欧洲各项数据均有小幅增长：参与PGS的生产商总数为2 070家，其中1 667家获得了认证。其大部分位于法国，共计1 147家生产商获得PGS认证。2020年PGS计划数量较上一年也有小幅增加：2020年有14个项目，而2019年为12个项目。

4.2.2.4 拉丁美洲和中美洲

巴西和智利是促进拉丁美洲和中美洲地区2020年总体PGS相关数据增长的两个国家。参与PGS计划的生产商增加了1 437家，总数达到23 584家，其中获得认证的生产商12 609家（与2019年相比增加了14%）。该区域通过PGS认证的土地面积也有所增加，但未能获得确切的信息。

---

① 该项目由IFOAM国际有机联盟和Agro Eco-Louis Bolk Institute，以及当地和区域合作伙伴共同实施，由荷兰外交部资助。更多信息请访问https://www.ifoam.bio/en/OM4D。

② 印度PGS认证的生产商和认证有机土地的数量在其国家PGS平台上持续更新，请访问https://www.pgsindia-ncof.gov.in/。

③ 此区域没有可用的相关更新数据。

④ 查询地图请访问https://pgs.ifoam.bio/。

拉丁美洲和中美洲依然是拥有PGS计划最多的地区，共计88个。其中6个新的PGS计划位于智利（4个）和巴西（2个），1个位于萨尔瓦多，并在2020年首次获得PGS认证。

2020年，秘鲁获得认证的生产商数量位居该地区第二（至少有1 790家生产商获得认证），并通过了有机法规（2012年第29196号法律）修正案，该修正案承认对于有机农业主体的认证，PGS与第三方认证机构具有同等认证效力。尽管这一共识已持续了10余年之久，但各国PGS利益相关方认为，这会忽视国家现有PGS法律并引发官僚主义作风。

4.2.2.5 大洋洲

与2019年相比，大洋洲PGS认证生产商总数减少了22%，该区域至少有3 447家生产商参与PGS，2 256家生产商获得认证。PGS认证生产商数量减少主要在斐济（比2019年减少405家）和法属波利尼西亚[①]。瓦努阿图是该区PGS认证生产商数量最多的国家（1 269家）。PGS认证生产商管理的土地总面积也有所下降，由2019年的7 214公顷降至4 531公顷。

4.2.3 关于数据的一般性说明

IFOAM国际有机联盟每两年进行一次全球PGS调查。上一次调查于2019年进行，因此大多数数据来自2019年10月。其他更多数据通过PGS计划、主管当局和PGS专家的双边沟通进行收集。如果未收到新数据，则使用上一年或更早的数据，除非几年内数据没有更新。在此情况下，PGS计划可能不再有效并被排除在当前统计数据之外。当PGS根据国家有机法规得到承认时，则使用由主管当局收集和公布的数据，巴西[②]、智利[③]、玻利维亚[④]、哥斯达黎加[⑤]、墨西哥[⑥]和印度[⑦]就属于此种情况。

---

① 在法属波利尼西亚发现数量的减少可能与一种情况有关，即在以前的报告中，有7个当地团体的200多名生产商被视为个体经营者。到2020年，只有7个团体被纳入PGS计划中。

② 巴西农业、畜牧业和食品部—国家有机生产者登记册。查询可访问http://www.agriculture.gov.br/subjects/sustainability/organics/cadastro-national-producers-organics。

③ 智利农业和畜牧业服务—有机产品认证。查询可访问http://www.sag.cl/ambitos-de-action/certification-de-products-organicos/132/records。

④ 玻利维亚国家有机生产委员会（UC-CNAPE），数据来自2016年。

⑤ 哥斯达黎加国家植物检疫局。查询可访问https://www.sfe.go.cr/sitepages/arao/initiaoarao.aspx。

⑥ 墨西哥国家卫生、安全和农产品质量局—小生产者和家庭生产有机产品参与认证机构名单。

⑦ 印度农业与合作部—印度参与性保障体系。查询可访问http://pgsindia-ncof.gov.in。

4.2.4 定义使用

PGS计划指界定、选择、采用了一套有机农业共同标准、一套通用的程序（如描述这些程序的通用手册）和协调机构（如秘书处、协会等）的实体或组织，该机构对来自区域/下属组织，当地团体或个体农民的数据进行概述。PGS计划通常还会使用一个通用标签将其农民的产品标识为有机产品，例如国家/区域有机标识。

PGS计划可以由单一本地小组组成，特别是在发展的初始阶段。尽管PGS计划通常由多个当地团体组成，但PGS计划中的生产商也可能基于地理位置邻近或技术专长进行合作，并不形成当地团体。

建立PGS是一个漫长的过程，需要两年或两年以上的时间才能使相关生产商获得完全认证。在数据收集中，区分了两种情况：①执行中的PGS。指PGS正在实施其认证系统以对生产商进行认证，并至少向一位农民颁发了证书。②开发中的PGS。PGS正在开发认证系统以认证其生产商，但尚未颁发任何证书。

对于PGS计划而言，生产商分为以下两类：①参与生产商。参与PGS的农民和加工者，无论是通过认证还是尚未获得认证，包括那些正在转换过程中并期望在不久的将来获得PGS证书的农民和加工者。②经认证的生产商。通过PGS认证并获得PGS证书或认证证明的农民和加工者，他们被批准为PGS计划中的一部分。

4.3 德米特国际的最新统计①

德米特是唯一一个在全球范围内建立了个人认证组织网络的生态协会。1997年，为了在法律、经济和精神领域进行更紧密的合作，德米特国际成立。这个联合组织，即现在的生物动力学联合会——德米特国际，在36个国家有45个从事生物动力学工作的成员组织，其中有19个为认证组织，国际认证办公室（ICO）正在进行认证。目前，在62个国家中有6 400名德米特农民，种植面积超过22万公顷（表4-4和表4-5）。

---

① 本节作者：Christoph Simpfendörfer和Sarah Fischer，德米特国际（斯图加特办公室，德国斯图加特商业街82号，70771，www.demeter.net）；翻译和作图：中国农业大学经济管理学院博士生导师、国家农业农村发展研究院研究员王玉斌，中国农业大学经济管理学院硕士研究生林慧。

表4-4　截至2020年7月德米特国际在各成员国的德米特认证操作

国家/地区	面积（公顷）	农场（个）	加工者（个）	分销商（个）
奥地利	6 905	214	44	0
巴　西	3 349	24	28	5
丹　麦	3 418	44	9	8
埃　及	2 838	86	8	0
芬　兰	391	13	5	5
法　国	16 754	668	90	69
德　国	91 583	1 678	410	146
英　国	3 811	90	44	9
印　度	9 029	35	8	2
意大利	10 895	389	90	60
卢森堡	543	13	2	0
荷　兰	7 852	143	44	47
新西兰	815	13	0	0
挪　威	521	21	7	10
斯洛文尼亚	255	32	3	0
西班牙	9 397	209	41	9
瑞　典	853	13	6	8
瑞　士	5 612	319	82	55
美　国	17 352	143	111	55
合　计	192 173	4 147	1 032	488

数据来源：德米特国际。

表4-5　其他国家的ICO[①]德米特认证操作

国家/地区	面积（公顷）	农场（个）	加工者（个）	分销商（个）
阿根廷	1 106	35	6	1
比利时	299	12	6	1

① ICO是德米特国际的生物动力联合会国际认证办公室。

（续表）

国家/地区	面积（公顷）	农场（个）	加工者（个）	分销商（个）
保加利亚	308	1	0	1
智　利	1 361	21	0	3
中　国	53	4	2	1
哥伦比亚	137	2	0	0
克罗地亚	68	1	0	0
捷　克	2 339	5	0	1
多米尼加	1 869	50	1	1
厄瓜多尔	475	88	3	1
埃塞俄比亚	32	1	0	0
格鲁吉亚	5	2	0	0
希　腊	466	45	5	3
几内亚比绍	780	1	0	1
洪都拉斯	72	8	0	0
匈牙利	6 284	27	2	2
伊　朗	67	1	1	0
爱尔兰	224	6	2	0
以色列	127	1	1	0
日　本	0	0	0	2
科威特	0	0	1	0
列支敦士登	45	2	0	0
立陶宛	1 338	9	0	1
马来西亚	0	0	3	0
墨西哥	304	5	1	0
摩洛哥	27	1	0	0
尼泊尔	110	90	0	0
巴拉圭	926	54	0	0
秘　鲁	305	18	2	0

（续表）

国家/地区	面积（公顷）	农场（个）	加工者（个）	分销商（个）
波　兰	3 935	19	0	0
葡萄牙	798	15	1	1
罗马尼亚	200	2	0	0
俄罗斯	0	0	0	1
塞尔维亚	45	1	1	0
西西里岛	426	25	2	2
新加坡	0	0	1	0
斯洛伐克	157	1	0	0
南　非	245	24	0	1
斯里兰卡	1 493	1 422	4	0
坦桑尼亚	31	1	0	0
突尼斯	714	133	3	0
土耳其	904	147	1	2
乌干达	477	2	0	0
乌克兰	0	0	0	1
阿联酋	0	0	1	0
乌拉圭	0	0	1	1
合　计	28 552	2 282	51	28
德米特国际成员国及其他国家的总认证操作	220 725	6 429	1 083	516

数据来源：德米特国际。

德米特国际是一个非营利组织，其成员组织本着民主原则的国际联盟精神共同合作。为了成为一名会员，必须有一个有效的德米特认证项目。支持德米特国际认证的协会可被选为相关成员。德米特的基础是生物动力学农业方法，它是由鲁道夫·斯坦纳于1924年在科波威兹所教授的《农业课程》中提出的，并在实践和研究中得到了进一步的发展。

德米特国际的主要任务有：①制定及批准德米特生产和加工的国际标准，这是德米特产品全球贸易的最低要求；②德米特商标的国际注册与保护；③在不拥有德米特组织的国家，为单一农场/运作机构签发证书；④在全球范围内协调德米特认证计划；⑤致力于在相关国际机构中促进公众对生物动力学方法的理解和接受；⑥支持在没有自主生物动力协会和德米特组织的地方建立自主的生物动力协会和德米特组织。

德米特见证了认证农场在过去的几十年的持续增长。21世纪以来，全球德米特农场的数量从3 500个增加到了近6 500个（图4-2和图4-3）。最新的发展揭示出对德米特认证的浓厚兴趣。由于近年来的增长，超过22万公顷的土地现在处于生物动力的管理之下。例如，德米特香蕉目前是一个非常活跃的行业。由于转变的巨大兴趣和新创建的分销渠道，大面积的相关种植地已转换为生物动力栽培。

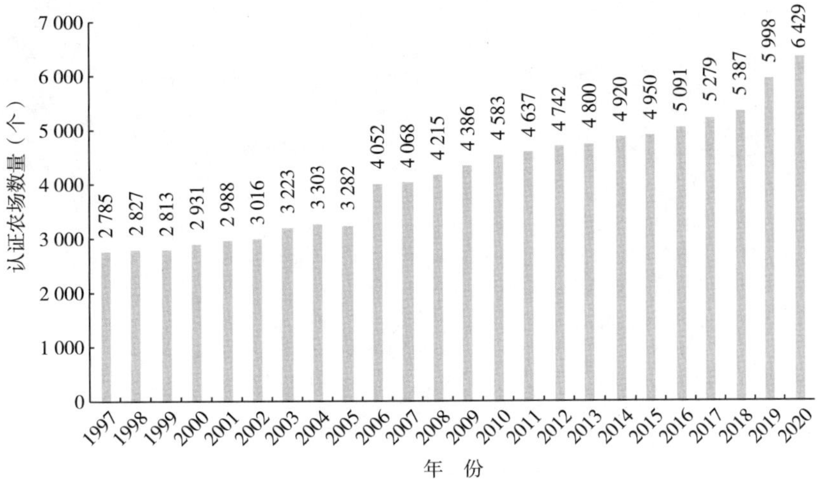

图4-2 1997—2020年德米特全球认证农场数量的发展

（数据来源：2020年德米特国际）

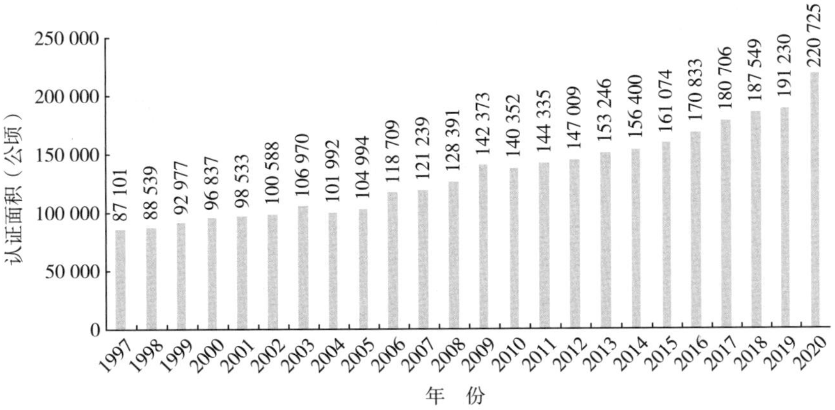

图4-3 1997—2020年德米特全球认证农地面积的发展

（数据来源：2020年德米特国际）

生物动力葡萄栽培也变得越来越重要。目前，全球约有1 012家酒庄通过了德米特认证，其中以法国为首共有438家德米特认证酒庄。在欧盟以外，大多数酒庄都位于瑞士、美国、智利和阿根廷。总的来说，大约有1.7万公顷的德米特认证区域是生物动力葡萄园（表4-6）。

表4-6　德米特在全球认证的葡萄酒商和葡萄产区

类　型	国家/地区	生产酿酒葡萄的农场数量（个）	认证无自有土地的酒窖/酒庄数量（个）	认证酿酒葡萄的生产面积（公顷）
德米特国际成员授权	奥地利	67	4	786
	丹　麦	1		1
	法　国	438		7 201
	德　国	92		781
	意大利	157	7	1 948
	列支敦士登	1		2
	新西兰	6		108
	斯洛文尼亚	12		114
	西班牙	60	1	2 390
	瑞　士	65		410
	英　国	10	2	57
	美　国	58	21	1 533
德米特国际授权	阿根廷	11	1	423
	智　利	15		1 141
	捷　克	1		53
	格鲁吉亚	1		2
	希　腊	5		16
	匈牙利	4		30
	墨西哥	1		6
	葡萄牙	4		3
	南　非	2		75
	土耳其	1		1
	合　计	1 012	36	17 079

4.4 公共食品采购的力量：促进有机生产和消费[①]

4.4.1 公共食品采购作为可持续食品系统的杠杆

据估计，各国政府在采购商品、工作和服务方面的支出约占其国内生产总值的15%~20%，这代表了全球经济的重要组成部分（世界银行，2017年）。考虑到我们今天面临的环境和社会挑战，我们不能错过将环境和社会条件标准与公共部门支出结合起来的机会。

有机部门特别感兴趣的是采用可持续性的公共食品采购（PFP）政策和标准，该政策和标准适用于为公共机构提供食品和餐饮服务。这些措施可以根据有机农业的原则[②]转移购买力，以支持环境、健康和社会经济目标。如本章所述的各区域案例所示，PFP可以帮助建立有机产品稳定的新市场，刺激饮食习惯的变化并促进向有机农业的转换。

PFP可以在单一食堂乃至地方、国家或区域计划等不同规模上实施，本书的案例主要是学校用餐的政策。但是，PFP涉及更多的食品采购机构，例如医院、教养所，以及军事和政府机构。这些案例说明了将PFP准则和政策与其他支持措施相结合的重要性，如厨房员工的能力建设，以便战略性地逐步增加膳食中有机成分的数量，同时提高营养价值并减少肉类和食物浪费。批发商和本地供应链在确保可靠供应方面也起着至关重要的作用。除促进有机生产外，PFP准则还应涉及其他方面，例如，公平的工作条件，本地采购和能源消耗。因此，PFP可以被视为实现多个可持续发展目标的具体政策途径，致力于使食物体系运转更具可持续性。

4.4.2 各区域的案例

4.4.2.1 亚　洲

据悉，包括生态标准在内的亚洲最成熟的公共食品采购计划于2011年在韩国实施。最近的一篇文章（Gaddis和Jeon，2020年）重点介绍了建立免费、生态友好（UFEF）学校午餐计划所采取的主要步骤，该计划如今为韩国各地从幼儿园到高中的学生提供免费餐饮。在经历了20世纪50年代开始的旨在分发粮食援助的学校供餐计划

① 本节作者：Federica Varini和Xhona Hysa；翻译和作图：中国农业大学经济管理学院博士生导师、国家农业农村发展研究院研究员王玉斌，中国农业大学经济管理学院硕士研究生林慧、王凯文。

② 有机农业的原则：健康、生态、公平与关爱。

之后，UFEF终于摆脱了优先考虑较低价格的制度。如今，该计划通过直接授予低于一定门槛的服务合同来支持小规模生产商。它提供以未加工成分制成的传统食谱为基础的餐食，并鼓励采用具有最高食品安全标准的环保和有机产品[①]。自启动以来，该计划已覆盖越来越多的学生，2017年达到了400万名学生（Gaddis和Jeon，2020年）。UFEF的年度总预算超过20亿欧元，部分资金由韩国政府提供，部分资金由地区和城市提供。由于预算限制，全国各地的执行情况存在差异。

首都首尔市就是一个典型的例子。2018年，首尔市宣布计划在2021年之前将用于该计划的预算增加一倍，将其扩展到整个义务教育系统，该系统拥有近100万名学生和1 300所机构。较高的预算导致用于高中餐饮的经认证的环保和有机食品成分增加了70%[②]。因此，该计划正在促进向更可持续的农业实践过渡，鼓励韩国传统生产商减少抗生素和杀虫剂等的使用，或转向有机农业以获得纳入学校供餐计划所需的认证。但是，目前还没有研究评估该计划的建立与过去5年韩国有机部门的积极发展趋势之间的直接相关性。由于得到了公众的广泛支持，该计划正在拓展到其他公共机构，如医院和教养所。这种升级将导致公众对环保产品的需求持续增加。

韩国的另一个有特色的公共食品计划是专门针对孕妇的。该计划始于2020年1月，旨在为4.5万名孕妇和新妈妈提供环保食品。随着新冠肺炎的流行，该计划人员增加了1倍，覆盖了8万名妇女。根据该计划，受益人必须在地方政府机构建立的特定网站上在线下订单。这些妇女每年最多可以订购360欧元的食物，其中20%由自己出资，其余的由中央和地方政府承担[③]。

关于支持亚洲有机生产和消费的其他公共食品采购计划的英文信息非常有限。为了更好地了解亚洲各国政府为促进此类政策框架所做的工作，亚洲有机农业地方机构（ALGOA）将于2021年在中国台湾新北市成立ALGOA公共采购中心。在前三年，该中心将集中精力研究关于学校有机膳食计划。它将重点关注韩国、中国台湾和日本，并与一些有类似举措的欧洲国家建立联系。

---

① 在韩国，根据生产方法和使用的原料，将生态友好型农产品或畜牧产品按法律分为有机农产品、有机畜产品、无农药产品和无抗生素畜产品。详细信息可查询https://www.naqs.go.kr/eng/contents/contents.do?menuId=MN20568。

② 详情请查询http://english.seoul.go.kr/seoul-provides-eco-friendly-school-meals/。

③ 有关韩国“孕妇食品计划”的更多信息，请访问IFOAM网站https：//www.ifoam.bio/news/launch-pregnant-women-food-scheme-south-korea。

4.4.2.2 非　洲

在非洲，农业是大多数非洲经济体的支柱，小农户生产占非洲大陆粮食产量的80%以上，可以说是这一部门的中坚力量。因此，几个非洲国家开始实施公共粮食采购计划也就不足为奇了，目的是对小农户的生计产生积极影响，并加快为当地种植的粮食创造市场。2003年，非洲联盟在非洲发展新伙伴关系（NEPAD）内的非洲农业发展综合计划（CAADP）的粮食安全支柱下，开始推广本土学校供餐计划（HGSF）[①]："学校供餐计划旨在为学校的儿童提供安全、多样化和营养的食物，这些食物来自当地的小农户。"据Fernandes等（2016）学者的研究，到2014年，在非洲54个国家中至少有47个国家实现了学校供餐计划，其中，至少20个国家在采用HGSF计划。HGSF的目标是分散购买学校用餐的食品，在当地从小农户那里采购食品。它通过促进当地粮食生产，同时提高入学率来解决粮食和营养安全问题。HGSF推出了学校膳食规划工具，该工具支持创建菜单，将农业生产和营养目标联系起来。HGSF未来将纳入环境标准，特别是有机农业，再加上其他支持措施，将有助于许多非洲国家的小农户转向有机耕作。

加纳学校供餐计划（GSFP）是为遵守非洲联盟的HGSF计划而制定的分散采购政策的一个案例。该计划于2005年启动，旨在改善粮食安全、减少营养不良、增加入学率、促进国内粮食生产（Fernandes等，2016）。在加纳，小农户的市场发展问题至关重要。因此，GSFP的目标之一是将学校供餐计划可能产生的对农产品的日益增长的需求与小农户的生产联系起来。该计划还针对餐饮服务提供者、厨师和学校主管进行培训，不仅教他们如何使用学校膳食计划工具，还提供营养和食品安全问题的一般教育。GSFP膳食计划由地区级专门的营养部门设计，计划让每所学校每天用当地时令食材为学生提供一顿热餐。这些饭菜是由私人餐饮公司准备和制作的，他们的任务还包括从当地市场采购原料。根据GSPF的准则，餐饮从业者必须从当地小农户那里采购80%的原料。政府提供财政补贴。截至2016年，该计划惠及2 000多个地区的170万小学生（Mensah，2018年）。

4.4.2.3 欧　洲

在过去10年中，欧洲通过公共采购对有机生产和消费的支持有所增加。新推出的"从农场到餐桌战略"（2020年5月）设定的目标是"到2030年至少达到欧盟25%的耕

---

① 非洲发展新伙伴关系在科特迪瓦、加纳、肯尼亚、马里、尼日利亚、坦桑尼亚、埃塞俄比亚、马拉维、莫桑比克、塞内加尔、乌干达和赞比亚等发起了本土学校供餐试点活动。

地为有机农业耕地”，并期望欧盟委员会定义“强制性可持续食品采购标准”以促进可持续农业体系（欧盟委员会，2020年）。因此，由于当前的法律框架仍不完善，并且各国之间存在差异，人们期望该战略对建立一个更加统一和具有约束力的体系产生压力。

从农场到餐桌的公共食品采购战略的愿景嵌入了欧盟（EU）的绿色公共采购（GPP）政策。这是一个欧盟志愿框架，通过这个框架，公众购买力被引导到选择环境友好的商品、服务和工作中，从而将公共资金投资于可持续的消费和生产。2014年发布了一系列旨在提高灵活性和采用绿色公共采购程序的指令①，以“实现公共资金的更高价值，为社会和其他公共政策目标提供更好的结果，同时提高公共支出的效率”，从而远离较低的价格标准（欧盟委员会，2017年）。2019年10月，欧盟委员会发布了新的关于食品、餐饮服务和自动售货机的自愿绿色公共采购指南。在限制食品和餐饮行业对环境影响的核心标准中，有机产品采购显得至关重要（欧盟委员会，2019年）。

目前，欧洲各地都有一些公共倡议，提倡在学校膳食中使用有机食材。一般来说，他们的程序包括在提供的膳食中采用一定比例的有机产品。然而，目前还没有一个全面的数据库显示绿色标准（包括有机成分的使用）在多大程度上适用于整个欧洲。然而，在整个欧洲，在国家、地区和地方层面有许多这样的例子，包括奥地利、比利时、丹麦、芬兰、法国、德国、丹麦、爱尔兰、意大利、拉脱维亚、马耳他、荷兰、斯洛文尼亚、西班牙、瑞典（EPHA & HCWH欧洲，2019；Neto & Gama Caldas，2018；IFOAM国际有机联盟，2017）。

其中最著名的例子就是丹麦首都哥本哈根。2018年，该市1 000所公立学校提供的膳食中，有机食材占88%②。一个关键的成功因素是致力于厨房员工的能力建设，重点是创造更有营养价值的食物，并改善环境。具体地说，这意味着未加工配料的数量增加了，而肉类消费和食物浪费减少了，以避免由于使用更多有机产品而导致膳食价格上涨③。与全国批发商合作提供更多新鲜的有机产品也至关重要。公开招标，特别要求提供各种各样的新鲜有机产品，如肉类。最近，丹麦发布了世界上最雄心勃勃的气候计划之一，目标是到2030年减少70%的温室气体排放。2020年5月，代表数千名农民、餐馆和食品公司的丹麦利益相关方组成的广泛联盟发起了一项关于丹麦气候计划的联合提

① 指令2014/23/EU（特许）、指令2014/24/EU（通用）和指令2014/25/EU（公用事业）。

② 哥本哈根城市网站《哥本哈根欢迎联合国的可持续发展目标》，详见https://international.kk.dk/artikel/copenhagen-welcomes-un-sdgs。

③ 据估计，学校膳食中100%有机成分的转换意味着最终价格平均上涨20%~30%。要强调的是，食材的成本往往只占一顿饭最终成本的一小部分。

案，建议利用公共和私人餐饮服务作为实现70%减排目标的驱动力[①]。其中一项被提议是制定一个国家政策目标，到2030年在丹麦所有公共和私人餐饮服务提供的膳食中采用90%的有机食材[②]（目前公共厨房的全国平均比例是60%）。

意大利是另一个显著的例子。从1986年起，学校的膳食中就包含了有机成分。第一个在学校食堂推广有机产品的立法是在21世纪初颁布的。此外，自2015年以来，一项国家法律[③]规定，学校食堂至少15%的肉类和40%的其他食材（如水果和蔬菜）来自认证的有机生产商。根据BioBank 2018年的调查，2016年意大利食品餐饮行业的总价值为803亿欧元，有机餐饮达到3.77亿欧元，与前10年相比增长了135%（Bertino等，2018）。2018年，意大利1 300多家机构在饮食中使用有机食材。在这些机构中，25%达到使用70%～100%的有机食品，每天约有130万份餐。为了进一步支持这一体系，意大利在2018年颁布了一项部长级法令[④]，授予使用90%以上有机食材的餐厅黄金证书，授予使用70%～90%有机食材的餐厅银质证书。这项奖励计划也旨在减少食物浪费，增加使用本地生产商的产品，并在学校开展教育活动。经过认证的有机餐厅可以从2018—2021年的4 400万欧元专项预算中寻求公众支持。这一基金还有助于减少意大利家庭的膳食费用。政策措施对公共厨房有机成分的采用产生了积极影响。2004—2017年，经认证的有机原料数量增长了26.4%。

最近一篇评估瑞典案例的文章表明，自2006年以来，支持公共有机食品采购的政策措施对瑞典有机农地的发展产生了积极的影响（Lindström等，2020）。2006年，第一个GPP政策为增加公共部门对食品和餐饮服务的投资制定了框架，目标是到2010年公共食堂提供25%的有机食品。这一政策目标是为了实现另一项政治承诺，即在同年实现20%的有机农地面积。2010年后，公共机构有机食品消费超过目标，达到33%。然而，有机土地面积却落后于目标，仅为15.6%。因此，瑞典政府在2017年决定采取一个更雄心勃勃的政策目标：到2030年将学校食堂中有机农产品的使用量提高到60%，而有机农地的目标提高到30%。在瑞典，公共机构的需求只占有机产品需求的4%。然而，Lindström等（2020年）的统计分析表明，公共机构共同行动，能够充分发挥购买力，影响全国批发商的购买选择。这对有机农地有积极的影响。该研究还强调，PFP应该与

① 有机无国界网站《丹麦公共厨房和私人餐馆的有机食品》，详见https://www.organicwithoutboundaries.bio/2020/06/18/organic-in-public-danish-kitchens-and-private-eateries/。

② https://paulholmbeck.com/wp-content/uploads/2020/05/Klimavirkemiddel_Klima-og-percentC3percentB8kologiomstilling-i-de-professionelle-kpercentC3percentB8kkener_sendt.pdf。

③ 2015年12月28日第221号法律。

④ 2017年12月18日第14771号法律。

直接补贴相结合。

4.4.2.4 拉丁美洲

毫无疑问，通过公共采购促进拉丁美洲有机和农业生态生产的最著名和研究最充分的项目是2009年在巴西实施的巴西国家学校供餐计划（PNAE）。与其他此类政策框架相比，这一法律框架具有全面的视野，能够将提供健康和有营养的食品与加强家庭农业、推广环境友好型产品和执行食物权结合起来。尽管PNAE自20世纪50年代初就已存在，但目前的框架由第11.947/2009号法律和2013年第26号决议规定。与过去的计划相比，这些法律引入了一系列的变化。现在的重点是不仅从当地生产者购买食品，而且是从农户购买，并且优先考虑有机或生态农业产品。根据新法律，国家教育发展基金（FNDE）指定用于学校膳食的财政资源的30%应该用于购买农户生产的食品（Drake等，2016）。该法律还要求从农民那里购买的有机产品要溢价30%。新立法还引入了一套指导方针，以提高膳食的营养价值。PNAE是世界上为数不多免费为全国学校供餐的项目之一，覆盖巴西几乎所有城市（2016年超过5 300个城市）。它为公立教育机构的4 000多万名学生提供优质膳食。

施耐德等（2016）的结论是，自2011年以来，家庭农户生产的产品占分配给该计划的资源总量的比例有所增加。然而，他们也强调了若干挑战，例如，无法持续满足大型城市的需求。多年来，PNAE的经验在国际层面得到了世界粮食计划署和国际粮农组织等多边组织的认可。然而，最近的报告表明，由于大量削减预算，PNAE面临风险；拆迁政策也削弱了一些关键的主体。国家的粮食和营养安全系统（Sisan）、全国粮食和营养安全委员会（Consea）和粮食和营养安全内阁室（Caisan）（de Amorim等，2020）是该项目的重要机构，并通过食品和营养安全理事会（Consea）为社会参与创造渠道，以确保通过指导方针、规划和预算在部级层面上实施该项目。

4.4.2.5 北美洲

在美国，目前没有统一的联邦或州一级的公共食品采购政策和标准。然而，将餐饮服务的公共支出转向绿色采购做法的潜力是巨大的。看看美国农业部（USDA）实施的国家学校午餐计划就知道了。该计划每年拨出90多亿欧元的公共资金，为3 000多万名儿童提供膳食。这些资金目前几乎不加区别地分配给食品和餐饮服务（Farnsworth等，2018）。

在这种背景下，优质食品采购计划（GFPP）脱颖而出。GFPP始于2012年，当时洛杉矶食品政策委员会采购工作组为食品服务机构制定了良好食品采购指南。这些被洛杉矶市和洛杉矶联合学区通过一项市政法令采用，影响了每天大约75万份餐食的供应。2015年，为了响应全国其他城市和机构的兴趣，优质食品采购中心[①]成立了，目的是在全国范围内转移、扩大优质食品采购计划。从那以后，许多机构都加入了这个项目，努力“创建一个透明和公平的食品体系，优先考虑人、动物和环境的健康和福祉”。目前，该中心与全国16个城市的43个机构和地方联盟合作，包括洛杉矶、布法罗、波士顿、奥斯汀、芝加哥、纽约、奥克兰、圣地亚哥、旧金山和华盛顿特区。这些机构每年在食品上的花费总计近10亿欧元，它们遵循的采购指南基于5个价值观：当地经济、营养、有价值的劳动力、环境可持续性和动物福利。通过这个项目，该中心正在帮助公共机构将公平和可持续的食品采购制度化。一些参与城市不仅采纳了自愿指导方针，而且还成功地实施了食品政策，要求在其管辖范围内所有提供公共食品服务的机构采用GFPP。

此外，全球粮食保障计划还为地方粮食政策工作人员建立了战略规划框架。该规划框架旨在提高采购原材料的透明度，同时考虑到所购买食品的经济和社会可持续性。该计划还提供了刺激食品企业的工具，如批发商可根据该计划开发新产品和新采购模式（Farnsworth等人，2018年）。GFPP超越了“有机”，但通过其跟踪系统，给予有机生产合法的信用。在这个体系中，有机食品被认为是两个方面的最佳实践：环境可持续性和动物福利。

参考文献

AU，2018. Sustainable school feeding across The African Union[M]. Addis Ababa：The African Union.

Bertino R. M.，Mingozzi A.，Mingozzi E.，2018. Focus Bio Bank：il Bio nelle mense scolastiche in Italia：evoluzione e trend storico secondo i censimenti Bio Bank.

De Amorim A. L. B.，Ribeiro Junior J. R. S.，Bandoni，D. H.，2020. National school feeding program：Strategies to overcome food insecurities during and after the covid-19 pandemic[J]. Revista de Administracao Publica，54（4），1134-1145. https://doi.org/10.1590/0034-761220200349x.

Drake L.，Woolnough A.，Burbano C.，et al，2016. Global school feeding sourcebook[M]//Global School Feeding Sourcebook. Imperial College Press. https://doi.org/10.1142/p1070.

European Commission，2017. COM（2017）572 final，making public procurement work in and for Europe making public procurement work in and for Europe[EB/OL]. https://ec.europa.eu/commission/priorities/jobs-growth-and-investment/investment-plan_en.

① 优质食品采购中心网址为https://goodfoodpurchasing.org/。

European Commission，2019. EU GPP criteria for food，catering services and vending machines.

European Commission，2020. Farm to Fork Strategy.

European Public Health Alliance（EPHA），Health Care Without Harm（HCWH）Europe，2019. Public food procurement for sustainable food systems. How can the EU farm to fork strategy contribute?

FAO & WFP，2018. Home-Grown School Feeding - Resource Framework[M]. Rome：FAO.

Farnsworth L. D.，Delwiche A.，McKinney C.，2018. The good food purchasing program：A policy tool for promoting supply chain transparency and food system change[M]//Institutions as Conscious Food Consumers：Leveraging Purchasing Power to Drive Systems Change. Elsevier. https://doi.org/10.1016/B978-0-12-813617-1.00005-8.

Fernandes M.，Rae G.，Gelli A.，et al，2016. Enhancing linkages between healthy diets，local agriculture，and sustainable food systems：The school meals planner package in Ghana[M]//Food and Nutrition Bulletin，571-584.

Gaddis J. E.，Jeon J.，2020. Sustainability transitions in agri-food systems：insights from South Korea's universal free，eco-friendly school lunch program[J]. Agriculture and Human Values，37（4），1 055-1 071. https://doi.org/10.1007/s10460-020-10137-2.

IFOAM - Organics International，2017. Guidelines for public support to organic agriculture.

Lindström H.，Lundberg S.，Marklund P. O.，2020. How green public procurement can drive conversion of farmland：An empirical analysis of an organic food policy[EB/OL]. Ecological Economics，172. https://doi.org/10.1016/j.ecolecon.2020.106622.

Mensah C.，2018. Incentivising smallholder farmer livelihoods and constructing food security through home-grown school feeding：evidence from Northern Ghana. Revista de direito internacional Brazilian journal of international law，v. 15，n. 3.

Neto B.，Gama Caldas M.，2018. The use of green criteria in the public procurement of food products and catering services：a review of EU schemes[M]//Environment，Development and Sustainability. Springer Netherlands. https://doi.org/10.1007/s10668-017-9992-y.

Sakho-Jimbira S.，Hathie I.，2020. The future of agriculture in Sub-Saharan Africa. Southern Voice - Policy Brief No. 2.

Schneider S.，Thies V. F.，Grisa C.，et al，2016. Potential of Public Purchases as Markets for Family Farming：An Analysis of the Brazilian School Feeding Program Between 2011 and 2014. Elsevier.

World Bank，2017. Assessing public procurement regulatory systems in 180 economies. Benchmarking Public Procurement. www.worldbank.org.

5 非洲有机农业现状①

2019年，非洲有超过200万公顷的有机农业用地，占非洲大陆农业总面积的0.2%，占全球有机农业面积的2.8%。与2018年相比，非洲有机农业用地增加了超过17.6万公顷，增幅9.5%，自2000年以来增加了近200万公顷。2019年，42个非洲国家报告了有机生产活动的数据。自2017年以来，突尼斯一直是非洲有机生产面积最大的国家，有近28.7万公顷土地。乌干达仍然是有机生产者数量最多的国家，2019年有超过21万名生产者；其次是埃塞俄比亚，有近20.4万名生产者；坦桑尼亚有近14.9万名生产者。在过去至少10年中，圣多美和普林西比一直是有机农业用地占比最高的国家，2019年达到24.9%。塞拉利昂和留尼汪（法属）2019年有机农地占比首次进入前三名，分别达到4%和3.1%。埃及和突尼斯分别为3.0%和2.9%。

5.1 土地使用

2019年，本书获得了非洲91%以上的有机农业用地的详细信息。有近2/3的有机农

① 本章作者：Claudia Meier、Bernhard Schlatter、Olivia Keller和Jan Trávníček；翻译：王晓彤；作图：赵惠娟。

业用地被用于种植多年生作物（近130万公顷），近30%用于种植季节性农作物（近53.6万公顷），只有1.3%（近2.7万公顷）的土地用于草场/牧区。

非洲有机多年生作物种植面积位居前五位的国家分别为：突尼斯（近26万公顷，主要是橄榄）、埃塞俄比亚（超过16万公顷，主要是咖啡）、塞拉利昂（近15.8万公顷，主要是可可）、肯尼亚（近11万公顷，主要是坚果）和坦桑尼亚（近10.7万公顷，主要是咖啡）。

与往年一样，2019年非洲主要的有机多年生作物依旧是咖啡，种植面积超过33万公顷，占该地区咖啡种植总面积的12.5%，占世界有机咖啡种植面积的47%。2019年，非洲最大的有机咖啡产区位于埃塞俄比亚（超过16万公顷）和坦桑尼亚（近8.2万公顷）。自2010年以来，非洲的有机咖啡种植面积几乎翻了一番。2019年，非洲大陆的其他主要有机多年生作物是橄榄（近24.4万公顷）、可可（超过21.7万公顷）和坚果（近18.7万公顷，主要是腰果）。有机橄榄种植面积近24.4万公顷，占该地区橄榄种植面积的7.3%，占世界有机橄榄种植面积的28%。有机橄榄主要产区都在突尼斯（超过24.1万公顷）。自2010年以来，非洲的有机橄榄种植面积翻了一番。非洲有机可可种植面积超过21.7万公顷，占该地区可可种植面积的2.7%，占世界有机可可种植面积的60%。最大的有机可可种植区在塞拉利昂（近8万公顷）和刚果（金）（近7.2万公顷）。自2010年以来，非洲有机可可种植面积增长了7倍以上。有机坚果种植面积近18.7万公顷（主要是腰果），占该地区坚果种植面积的3.8%，占世界有机坚果种植面积的31%。最大的有机坚果种植区在肯尼亚（近7万公顷）、科特迪瓦（超过5.1万公顷）和布基纳法索（近3.6万公顷）。自2010年以来，非洲的有机坚果种植面积增长了9倍以上。

2019年，有机季节性作物种植面积最大的国家是坦桑尼亚（超过17.1万公顷，主要是纺织原料作物）、埃及（超过9.7万公顷，主要是药用和芳香类植物）和乌干达（近6.9万公顷，主要是油料作物）。

与往年一样，2019年非洲主要的有机季节性作物是油料作物（主要是芝麻），在非洲19个国家种植，面积近18.4万公顷，占该地区油料作物种植总面积的0.6%，占世界有机油料作物种植面积的12%。最大的有机油料作物种植区在乌干达（近4.5万公顷，主要是芝麻）、布基纳法索（超过3.4万公顷，主要是芝麻）和埃塞俄比亚（超过3.3万公顷，只有芝麻）。自2010年以来，非洲的有机油料作物种植面积增长了近5倍。2019年，非洲其他的主要有机季节性作物是纺织原料作物（几乎全部是棉花）和谷物（包括小米、小麦和奇亚籽）。有机纺织原料作物种植面积近8.6万公顷，占该地区纺织原料作物种植总面积的1.8%，占世界有机原料纺织作物种植总面积的47%。最大的有机纺织原料作物种植区在坦桑尼亚（超过6.8万公顷）。自2010年以来，非洲的有机纺织原料作物种植面积几乎增加了两倍。有机谷物种植面积超过7.4万公顷，占该地区谷物种植总面积的0.1%，占世界有机谷物种植面积的1.4%。坦桑尼亚也是有机谷物的主要生产国（近5.1万公顷，暂未获得农作物的详细信息）。自2010年以来，非洲的有机谷物种植面积增加了21倍。

5.2 生产者

2019年，非洲有机生产者超过85万人。有机生产者数量最多的国家是乌干达（超过21万人）、埃塞俄比亚（近20.4万人）和坦桑尼亚（近14.9万人）。由于一些国家仅提供了农场企业的数量，而没有提供农民与小农户的数量，因此非洲有机生产者的数量可能更多。

5.3 野生采集

野生采集在非洲发挥着非常重要的作用，2019年有超过1 630万公顷的土地获得了有机野生采集区认证。赞比亚是有机野生采集区域面积最大的国家（320万公顷，主要用于养蜂业），其次是纳米比亚［超过260万公顷，主要用于采集魔鬼爪（胡麻科爪钩草，药用植物）］、坦桑尼亚（超过240万公顷，仅用于养蜂业）、南非（近180万公顷，主要用于采集玫瑰果、药用和芳香类植物）、莱索托（近170万公顷，主要用于采集玫瑰果）和莫桑比克（近130万公顷，仅用于采集波巴布水果）。药用和芳香类植物，如魔鬼爪的野生采集区域面积最大（近360万公顷），其次是玫瑰果（近270万公顷）。据报道，养蜂区的面积有530万公顷。赞比亚是拥有最大野生采集区的国家，有机养蜂场的面积为250万公顷，占整个养蜂区域的50%。

5.4 数据统计

关于非洲有机农业的更多信息，请参阅图5-1至图5-5。

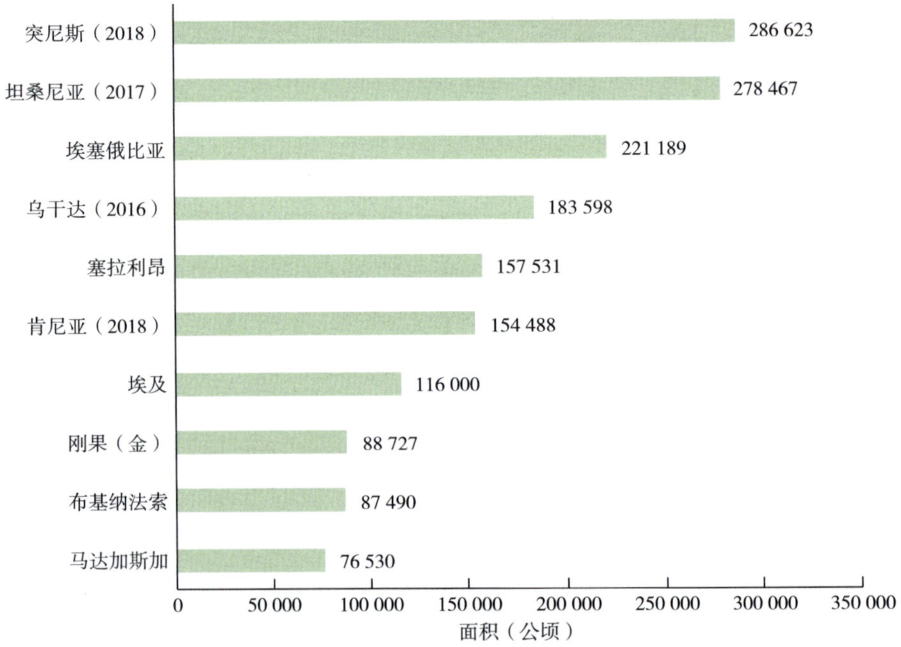

图5-1　2019年非洲有机面积位列前十位的国家/地区

（数据来源：2021年FiBL调查）

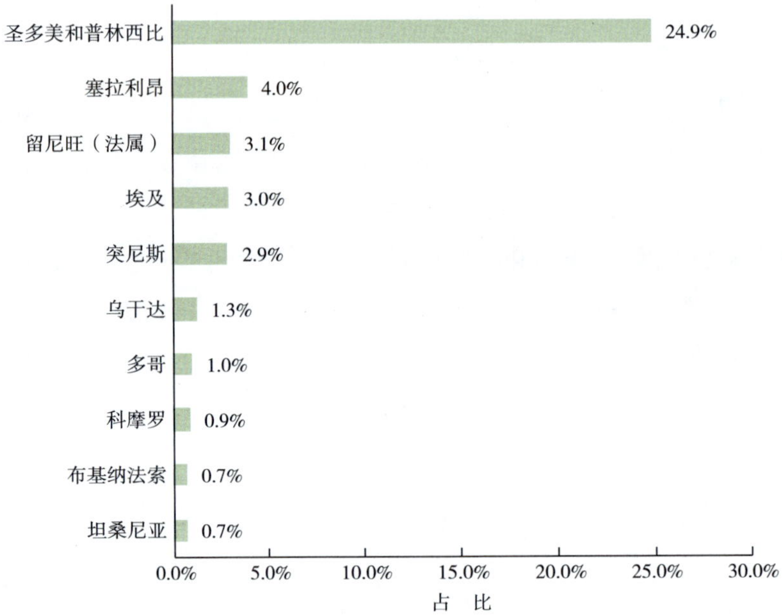

图5-2　2019年非洲有机农地面积占比前十位的国家/地区

（数据来源：2021年FiBL调查）

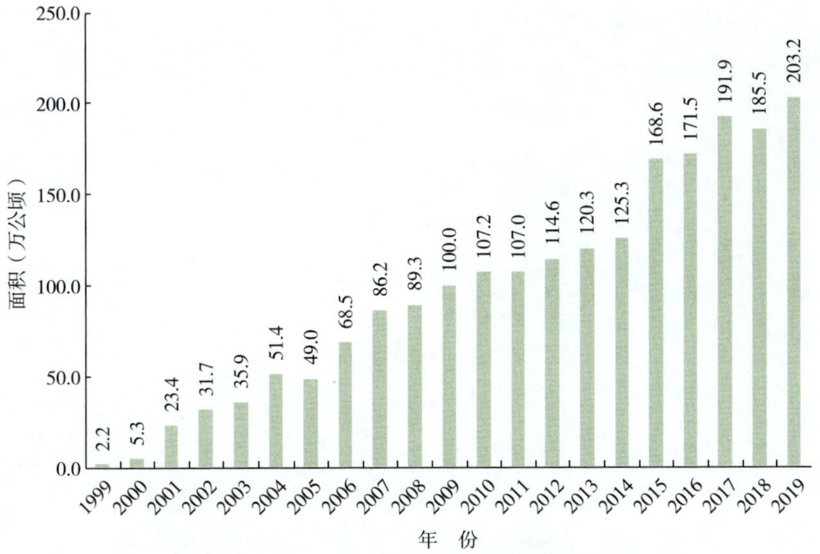

图5-3 1999—2019年非洲有机农地面积发展情况

（数据来源：2001—2021年FiBL-IFOAM-SOEL调查）

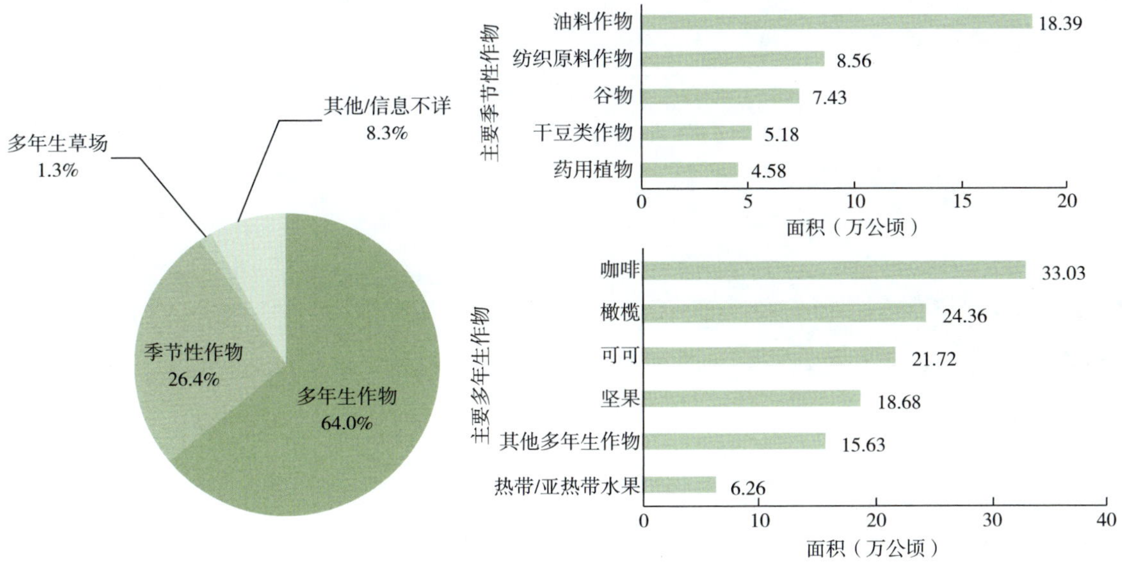

图5-4 2019年非洲有机农地使用情况

（数据来源：2021年FiBL调查）

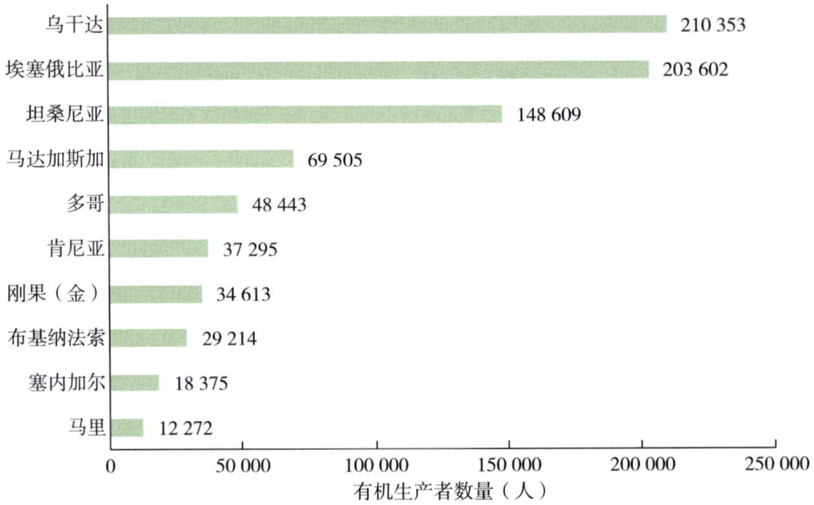

图5-5　2019年非洲有机生产者数量位列前十位的国家/地区

（数据来源：2021年FiBL调查）

6 亚洲有机农业现状

6.1 2020年亚洲有机行业的发展[①]

亚洲同世界其他地区一样，受到新冠肺炎疫情的严重影响。随着传统市场、学校、办公室和其他机构的关闭，供应链上的每一个利益相关者都在某种程度上受到了影响。然而，亚洲许多国家在寻求减轻这一大流行病影响的方法时，强调了恢复力。在韩国，学校停课意味着学校停餐，这是许多有机农民的重要收入来源。为此，成立了新冠肺炎应对委员会，向6 000多名自我隔离者提供了数千包环保农产品和有机食品。

一些亚洲国家在有机行业方面有了重大的政策发展。在日本，农业和管理基本规划取得了重大进展，目标是到2030年将有机农民和有机土地的数量增加两倍。在印度尼西亚，《国家中期发展计划Ⅳ（2020—2024年）》将通过政府各部门的持续合

① 本节作者：国际有机生物论坛大使、亚洲有机生物论坛前副主席Shaikh Tanveer Hossain，IFOAM亚洲执行董事Jennifer Chang，IFOAM亚洲首席运营官Vic Anthony Joseph Fabre Tagupa；翻译：中国农业大学经济管理学院博士生导师、国家农业农村发展研究院研究员王玉斌，中国农业大学经济管理学院硕士研究生王凯文、博士研究生李婕。

作，通过“1 000个有机村”计划，增加与有机农业有关的政策。最后，菲律宾通过了《2010年有机法案修正案》，这是有机农业领域重要的里程碑之一，包括了该国国家有机标准下的参与或保障体系（PGS）。

疫情凸显了健康食品的重要性，消费者正在改变他们的生活方式，转向健康和负责任的消费。根据新加坡初创公司Ai Palette的一项研究，印度尼西亚和菲律宾对新鲜产品的需求显著增加，其中菲律宾对新鲜产品的需求同比增长444%，超过了冷冻和罐装产品[①]。在中国，一家商业巨头预测，受疫情影响，健康食品的选择将会增加。有机行业成为投资热点，仅2020年中国就成立了多达89家认证机构。

6.1.1 孟加拉国

在孟加拉国，一些产品在有机行业变得越来越重要，包括有机黄麻、棉花和牲畜等。孟加拉国黄麻研究所（BJRI）和黄麻多样化促进中心（JDPC）开发了一种用有机黄麻叶制成的草药饮料技术，并将该产品作为黄麻绿茶销售。该公司与德国黄麻产品制造公司Intertrop合作开展了一个项目，在马尼格甘杰的Lemubari利用7.5公顷土地与41名农民合作，以有机方式生产黄麻，并根据欧洲法规对其进行认证。2018—2019年，出口到德国的有机黄麻茶约为2.5吨[②]。其中，具有潜力的产品是一种名为“索那利（黄金）袋”的黄麻袋，是一种可生物降解的环保产品。

根据全球有机纺织品标准（GOTS）2019年的最新报告，孟加拉国目前在全球有机纺织品生产中处于领先地位，并在获得GOTS认证的设施总数方面位居有机纺织品生产国之首。2019年，505家孟加拉国工厂获得了GOTS认证，其次是印度（438家）和欧洲（396家）。目前，孟加拉国拥有1 194家有机纺织品工厂，并且GOTS认证的增长率超过73%，是全球最高的，与荷兰同步[③]。孟加拉国每年还进口近800万包棉花，其中6%是从印度和美国进口的有机棉花[④]。棉花发展委员会（CDB）最近启动了一项生产有机棉花的计划，以满足孟加拉国的有机棉花需求。

---

① 《2019冠状病毒改变了东南亚的食品趋势》，世界无线电行政大会，2020年12月6日，详见https://www.warc.com/newsandopinion/news/covid-19-shifts-food-trends-in-southeast-asia/43717。

② 《孟加拉国将于今年出口5吨黄麻茶叶》，2019年9月9日《每日太阳报》，详见https://www.daily-sun.com/post/422234/Bangladesh-to-export-5-metric-tons-tea-produced-from-jute-leaves-this-year。

③ 《孟加拉国引领全球有机纺织品生产》，2020年3月12日，TBSNews网站《商业标准》，详见https://tbsnews.net/economy/bangladesh-leads-global-organic-textile-production-55339。

④ Mirdha，Refayet Ullah，《有机推动赢得全球赞誉》，2019年3月21日《每日星报》，详见https://www.thedailystar.net/business/organic-textile-manufacturing-earns-global-praise-1718191。

有机家畜是孟加拉国的一个新兴产业。政府、非政府组织（NGOs）和企业在过去两年中发展了有机畜牧业。大城市的超市已经开辟了一个有机区域来销售有机产品。据观察，许多年轻的企业家开始在互联网上做生意，向有健康意识的消费者出售高价值的有机水果、蔬菜、畜产品。

6.1.2 柬埔寨

自1990年代初以来，柬埔寨一直是国际发展干预的重点，直到最近几年，农业生产一直主要是自给自足的农业，大米是自给自足的主要作物。

当“价值链”在2010年成为发展部门的流行词时，国际发展行动者的兴趣转向了有机产品。由于在当地语言中没有与“有机”对应的词，“有机”的概念本身对许多柬埔寨人来说是难以理解的。在大多数情况下，它被理解为没有化学物质投入的农业。

柬埔寨有机农业协会（COrAA）是目前唯一的国内有机认证机构，是在2006年通过国际发展倡议成立的。该组织仍在努力创建一个“本地化”和“自我维持”的认证模式。2019年，柬埔寨有34家运营商获得了美国国家有机计划（NOP）认证。2020年，农业承包经营有机产品出口规模扩大。水稻仍是主要作物，木薯和腰果正处于试验阶段。

2020年4月，柬埔寨政府推出了一项有机农业政策，以促进生产和出口。这一政策预计将推出规则并有一个独特的标志，以识别本地生产的认证有机食品。

6.1.3 中　国

2020年，新冠肺炎疫情给中国经济带来了巨大挑战，也使中国人民的生活方式发生了重大变化。电子商务特别是网络直播在刺激经济方面发挥了重要作用。新冠肺炎引发了健康食品消费问题，有机食品成为投资热点。因此，中国在2020年有89个认证机构成立。

中国政府通过促进有机农业的发展，努力发展农村地区经济。根据习近平主席强调的“两山”理论，中华人民共和国农业农村部印发的《2020年农业农村绿色发展工作要点》强调了加强认证有机管理。2020年9月21日，国家市场监督管理总局以“守护绿水青山，共享绿色生活”为口号，启动了有机产品认证推广周活动。2020年，江西省首次提出要以“高质量发展蔬菜生产”的政策推动有机蔬菜认证。

中国正根据“一带一路”倡议，在有机领域寻求更多的国际合作。许多有机产品在2020年上海第三届中国国际进口博览会上展出。国家市场监督管理总局发起了一个项目，将中国的有机食品监管体系与IFOAM标准[①]和美国国家有机计划（NOP）标准进行了比较。

6.1.4 印 度

新冠肺炎疫情让印度农民的梦想蒙上阴影。尽管农业部门的GDP增长了3.4%，这是由于该国大部分地区的降水量超过了平均水平，但小农户和农民并不是这个增长点的一部分。由于不断的封锁和随后的行动限制，他们无法进入有机市场。

2020年，印度颁布了3项对农业有影响的法令[②]：①《农民农产品贸易和商业（促进和便利）条例》，允许自由贸易，增加买家之间的竞争，消除州际贸易壁垒，并提供更多的买卖选择；②《农民（赋权和保护）价格保证和农业服务条例》，在播种时对农产品的价格进行预估并给予保证，最大限度地降低市场风险，解决不稳定的食品价格问题并鼓励订单农业；③《基本商品条例（修订）》，促进农业供应链、食品加工业和出口基础设施的私人投资。这些条例对有机农业和有机市场的具体影响还有待评估。

尽管疫情期间的检查和评估存在挑战，但该国的认证数量激增。在政府管理的参与式保障体系（PGS）下，获得参与式保障体系认证的农民数量在5年内已上升近100万人[③]，同时约130万名农民在第三方体系下获得认证。

印度总理纳伦德拉·莫迪在最近的一次就职演说中说，印度东北部可以成为一个具有国际地位大型有机农业中心和有机产品之都。东北地区有75%以上的森林覆盖率，大多数农民都从事有机农业，将这些农民纳入认证的有机市场有很大的潜力。

6.1.5 印度尼西亚

2020年，为了在全国范围内扩大有机农业项目和政策，印度尼西亚启动《国家中期发展规划Ⅳ（2020—2024年）》。该规划旨在通过“1 000个有机村庄”项目增加有机农业，由农业部、贫困地区发展和移民部以及贸易部所实施。

有机产品有所增加，主要是由于对有机草药、精油、化妆品原料和有机椰子的需

① IFOAM标准是IFOAM国际有机联盟有机保证体系的基础，详情请查询https://www.ifoam.bio/our-work/how/standards-certification/organic-guarantee-system/coros。

② 克里希、阿特曼尼尔巴尔和阿特曼尼尔巴尔巴拉特，2020年，《农业向可持续企业转型的一步》，详情请查询https://blog.mygov.in/atmanirbhar-krishi-aatmanirbhar-bharat/。

③ 印度参与式保障体系，详情请查询https://pgsindia-ncof.gov.in/。

求。在新冠肺炎大肆流行期间，国内外对有机产品的需求增加，特别是对有机香料和草药的需求①。

在农场层面，有越来越多关于推广参与式保障体系的倡议。印度尼西亚有机联盟在苏门答腊岛和爪哇岛的几个地方发起了PAMOR基金会（印度尼西亚PGS）。参与式保障体系下的群体或农民团体的数量也在增加。

在政府层面，更多的地区通过开发大米、椰子、咖啡、草药和香料等特色产品来促进有机项目，这些产品根据国家或国际标准获得有机认证。当地政府也越来越有兴趣成为亚洲有机农业地方政府（ALGOA）②的一部分。中央政府通过农业部、贸易部和中小企业合作部等积极地支持农民团体。例如，中小企业合作部参加了Biofach等区域和国际贸易博览会。

6.1.6 日　本③

日本农林水产省（MAFF）于2020年3月修订了《农业生产经营基本规划》，其中包括推广有机农业。该规划承认有机农业有助于增强生物多样性和减缓气候变化，符合可持续发展目标（SDGs）。这项基本规划的目标是到2030年使全国有机农民和有机土地的数量增加两倍，并且到2030年将有机食品市场从2017年的1 850亿日元（约14亿欧元）增加到3 280亿日元（约26亿欧元）。

地方政府已经开始响应支持有机农业和可持续食品系统的要求，特别是在新冠肺炎疫情期间。一个具体的例子是地方千叶有机佐藤协会（LOSAC）的成立。这个由地方政府、农民团体、消费者团体、零售商及其他企业和机构所组成的联盟成立于2020年2月。地方千叶有机佐藤协会（LOSAC）的目标是建立可持续的本地机构和有机食品体系，例如，学校有机餐采购体系，以及当地消费的微配送体系。

6.1.7 蒙古国

2016年4月，蒙古国会通过了《有机食品法》。其《2016—2020年行动计划》设定

---

① 印度尼西亚有机农业统计，详情请查询https://www.researchgate.net/publication/342945242_Statistik_Pertanian_Organik_Indonesia_2019。

② 亚洲有机农业地方政府（ALGOA）是IFOAM国际有机联盟在亚洲的分支组织，成立于2015年，旨在促进地方政府之间的合作，促进有机农业的发展。目前，在亚洲16个国家有250多名成员。

③ 资料来源：日本农林水产省网站http://www.maff.go.jp/e/，日本环境省网站http://www.env.go.jp/en/index.html。

了“为有机食品生产创造法律环境，并实施金融、投资和税收政策以发展该行业”的目标。为确保《有机食品法》的实施，蒙古国食品、农业和轻工业部于2018年批准了多项法规，包括第A-09和A-180号令。随着《有机食品法》所附带的所有程序、方法和清单的批准，蒙古国有机食品和农业生产的法律环境得以成功实施。

有机食品注册与信息数据库（www.organic.gov.mn）于2018年启动，由联合国粮食及农业组织（FAO）蒙古国办事处资助。目前，全国有16个参与式保障体系机构和一个第三方认证机构进行有机食品检查和认证。消费者可以很容易地获取制造商的有机认证信息。截至2020年，该数据库共登记了291种本地有机与转换产品以及71种进口有机食品。

6.1.8 巴基斯坦

巴基斯坦有机农业理事会成立于2008年，旨在帮助小农户开展有机农业生产。该理事会引进了创新的有机农业技术，如生物肥料、生物除草剂和生物杀虫剂，并促使政府将有机农业理事会升级为国家有机农业研究所。

巴基斯坦政府还建立了巴基斯坦有机农业网络（NEOAP），对有机农民和贸易商进行登记。私营企业可以注册并被认证为有机农业实体。这些有机农场必须根据欧盟有机农业条例（EC 834/2007）或美国国家有机计划（NOP）进行认证。农民将农产品销售到指定的地点，也可以销售给经认证的公司。但是，农民的认证成本仍然很高。

2017年，旁遮普邦政府提出了《旁遮普邦有机农业法》。目前，它仍处于草案形式，但它涵盖了有机农业的各个方面，并在旁遮普邦管辖范围内建立了认证机构，以使该地区的有机农业标准化。

6.1.9 菲律宾

《2010年有机法案》概述了菲律宾有机农业的发展和推广，以及在该国建立综合的有机农业项目。它还成立了国家有机农业委员会（NOAB），负责政策和项目的实施。

2020年，菲律宾《2010年有机法案修正案》通过，根据该法案，批准了将参与式保障体系纳入国家有机标准的决议。最后，占全国农民大部分的小农户现在将有机会通过参与式保障体系获得有机认证。

西内格罗斯省在内格罗斯岛可持续农业和农村发展基金会（NISARDFI）的协助

下，一直是促进和推动内格罗斯群岛有机农业运动的先驱。它们增强了小农户种植健康作物的能力，并使他们的生产生活能与自然和谐相处。

截至2019年，参加一年一度的内格罗斯岛有机农民节的所有有机农民的累计土地面积为2万公顷，种植了不同的有机作物，其中含有1万多名小农户。

2019年，143名学者毕业于菲律宾中央州立大学（CPSU）的农业、林业和农业工程专业，以及卡洛斯·希拉多纪念学院的渔业专业。这是内格罗斯岛可持续农业和农村发展机构（NISARD）、菲律宾珊瑚礁和热带雨林保护基金会（PRRCFI）及农业部（DA）联合开展的一个项目的结果。内格罗斯岛可持续农业和农村发展机构（NISARD）持续倡导创建一个可持续的有机农业生态系统，NISARD的一些受托人与其他个人一起建立了家庭农场合作组织，并在西内格罗斯省的勃固市建立了一个有机认证的碾米厂，为全岛250多名有机稻农（42%为妇女）提供一个碾磨作物的场所。

6.1.10 韩　国

2019年，韩国遭受了前所未有的气候变化，严重影响了农业收成，特别是梨、橘子等水果。政府采取了严厉的措施来制定和实施政策，以应对气候变化和肆虐的新冠肺炎疫情。这些政策旨在稳定粮食供应，并在2050年前实现碳排放为零。韩国还成立了一个关于农业、渔业和农村事务的特别总统委员会，以制定向脱碳生态（有机）农业转变的措施。

2019年起，在“怀孕早期到分娩都应该提供安全和营养的食品”这一理念下，政府的支持范围从学校膳食扩大到“子孙后代”，因此公共部门的环保食品[①]消费有所增加。超过8.8万名孕妇和新妈妈收到了包含环保食品的援助包。此外，2020年还向全国军事基地提供了5 700吨环保大米。

为了提高公众的意识，6月2日（与朝鲜语中的“有机”发音相同）被定为“有机日”[②]。此外，周五被定为“拯救地球日”，政府机构的公共餐厅开始供应至少一种来自环保生产的食材。“生态星期五运动”提高了消费者的意识，让他们认识到环保农业对公共利益的好处。

2020年，新冠肺炎疫情的出现导致学校停课停餐，严重影响了当地农民，韩国成立了“环境友好型农业冠状病毒对策委员会”以克服危机。中央和地方政府提供1.8万

① 不使用农药的食品和有机食品。

② 2019年的庆祝活动中，超过2 500家商店的环保食品总销售额超过3 000万美元。2020年，向低收入家庭捐赠了价值超过200万美元的环保食品。

个食品包，并为6 861名自我隔离人员提供环保产品。有机合作社和超过11个大型食品零售网点协助销售了这些价值超过280万美元的产品。此外，577万多个有学童的家庭得到了环保食品包送货上门的服务。在2020年8月，韩国引入了加工认证体系，以促进有机食品加工，该认证体系使用不含杀虫剂的产品，其中70%是有机产品。

6.1.11 斯里兰卡

斯里兰卡将有机认证的茶和肉桂引入世界市场，被认为是亚洲地区的有机先驱。目前，斯里兰卡提高了锡兰有机绿茶的生产。为满足全球对有机椰子产品日益增长的需求，斯里兰卡的椰子种植者也把他们的注意力转向了有机椰子种植园。斯里兰卡的有机产品包括茶，椰子类产品，胡椒、小豆蔻、丁香、肉豆蔻、肉桂和生姜等香料，块茎和蔬菜，咖啡，可可，菠萝、木瓜、香蕉、酸橙和杧果等水果，果汁，大米，腰果，以及蜜糖、棕榈糖和蜂蜜产品等。

如今有机农民比传统农民的收益更高。消费者愿意为不含化学物质和转基因物质的食品支付30%的溢价。

参与有机农业研究、推广和发展的有机农业卓越中心与可持续农业研究和发展中心合并，旨在开发更多技术，获取高品质有机肥料以及其他投入物，发展参与式保障体系和有机认证。

建立和推广以女性农民为目标的有机村庄，开展村级市场，通过参与式保障体系认证开发一些具有大规模市场链的市场。斯里兰卡出口发展委员会和斯里兰卡标准研究所是促进有机农业、提供出口市场渠道、培训，以及制定有机产品、堆肥和液体肥料质量标准的两个主要机构。另一项倡议是通过公私合作，在马哈维利①的无污染地区开发3 600公顷的有机农地。

6.1.12 越　南

过去几年颁布的多条政策为越南有机农业的持续发展铺平了道路，其中包括2017年颁布的国家有机标准TCVN 11041，2018年有机法令109，2019年循环16指导法令，以及2020年6月由政府签署的2020—2030年国家有机发展项目。

尽管制定了支持有机农业的政策，但由于缺乏具体的有机农业指导方针，仍然存

① 马哈维利发展计划被认为是斯里兰卡历史上用途最多的国家发展计划之一，也被认为是政府发展的重点计划。

在许多挑战。即使参与式保障体系已经被公认为一个有效的质量保证体系，但它还没有被越南官方认可为一个认证体系。

虽然仍存在一些挑战，但是一系列政策的出台和实施，有力地推动了越南有机农业的整体发展。因此2019—2020年被认为是越南有机农业发展史上的里程碑。

6.1.13 亚洲有机联盟（IFOAM Asia）

2020年，亚洲有机联盟（IFOAM Asia）集中力量加强其内部结构和部门，并扩大亚洲有机农业地方政府（ALGOA）的网络活动。

IFOAM Asia在中国和菲律宾的办事处已合并运行。亚洲有机青年论坛是IFOAM Asia的一个活跃部门，在中国台湾新北市和印度那加兰邦举办了两场非常成功的论坛，并于2020年9月发起了“青年有机—全球网络”[①]。

亚洲有机农业地方政府庆祝其成立五周年，活动在两个虚拟现场会议上举行，来自46个国家的1 000多人参加了会议。设立了3个由不同地方政府和合作伙伴主办的亚洲有机农业地方政府中心以促进其工作，这3个中心分别是亚洲有机农业地方政府有机领导中心（槐山县）、亚洲有机农业地方政府公共采购中心（新台北市）和亚洲有机农业地方政府有机治理中心（LOAMCP-Ph[②]）。

第六届亚洲有机农业地方政府峰会是一个历史性的时刻，因为亚洲有机农业地方政府主动与国际生态区域网络和其他欧洲伙伴建立了联系，启动了全球有机区域联盟（GAOD[③]）——一个由各大洲有机区域组成的全球联盟。联合国环境规划署（UNEP）和联合国粮食及农业组织（FAO）的高阶层发言人也参加了这些活动。

各国家数据提供者名单

孟加拉国

Dr. Md. Khurshid Alam，Principal Scientific Officer，Bangladesh Agricultural Research Institute（BARI），Bangladesh

Dr Shaikh Tanveer Hossain，Ambassador IFOAM - Organics International，Former Vice-President，IFOAM Asia

① “青年有机—全球网络”的网站为www.yoglobalnetwork.com。

② LOAMCP-Ph为菲律宾各省、市、自治区有机组织联盟。

③ 全球有机区域联盟的网站为www.gaod.online。

柬埔寨

Ayuumi Matsuura，Director，IVY Cambodia

中国

Li Feng，Country Director，IFOAM Asia China Office

日本

Miyoshi Satoko，Vice President，IFOAM Asia，Ambassador Asian Local Governments for Organic Agriculture ALGOA

印度

Joy Daniel，Director，Lipok Social Foundation

印度尼西亚

Dr. agr. Wahyudi David，Faculty Member，Food Science and Technology Program；Universitas Bakrie；Associate Editor at Journal Organic Agriculture，Editor in Chief at Asia Pacific Journal of Agriculture Food and Energy

蒙古国

Tungalag Davaa，Senior officer， Department of Coordination for Food Production Policy Implementation， Ministry of Food Agriculture and Light Industry of Mongolia

巴基斯坦

Dr Zuhair Hasnain，Assistant Professor，PMAS Arid Agriculture University

菲律宾

Edgardo Uychiat，President，Negros Island Sustainable Agriculture and Rural Development Foundation，Inc.（NISARD）

Victoriano Ihong Tagupa，Executive Director，League of Organic Agriculture Municipalities，Cities and Provinces in the Philippines（LOAMCP-Ph）

韩国

Dong-Geun Choi，Executive Director，Korea Organic Checkoff Board，Namyangju City，Gyeonggi Province，Republic of Korea

Manchul Jung，Director，Korea Institute for Local Governance and Rural Affairs，Chungnam Province，Republic of Korea

斯里兰卡

Priyanga S. Dissanayake，Soil Scientist，Assistant Director of Agriculture Research，Sustainable Agriculture Research and Development Centre，Department of Agriculture，Sri Lanka，

Dr. P.I. Yapa，Professor in Crop Science，Sabaragamuwa University of Sri Lanka，Belihuloya，Sri Lanka

R.P.N. Gunaratne，Agriculture Instructor，Sustainable Agriculture Research and Development Centre，Department of Agriculture，Makandura，Sri Lanka

越南

Dang Thi Bich Huong，Deputy Chief，Vietnam Organic Agriculture Association

6.2 亚洲有机农业数据[①]

6.2.1 概　述

2019年，亚洲有机农业用地面积超过590万公顷，占亚洲农业总面积的0.4%。全球有机农业用地的8%在亚洲。自2001年以来，该地区的有机用地面积已增长了14倍以上。然而，在2018—2019年有机面积下降了7%，主要是由于中国短期草地的减少（超过66.3万公顷）。与往年一样，中国和印度依然是2019年亚洲有机农业面积最大的国家。2019年，印度的有机农业总面积首次超过中国，达到230万公顷。中国有机农业面积为220万公顷，较2018年约下降了29%。印度是有机食品生产商最多的国家，有近140万的生产商。10余年来，东帝汶是有机农业用地占农业用地总面积比例最高的国家（2019年为8.5%）。

6.2.2 土地使用

2019年，亚洲有机农地的49%用于生产季节性作物（超过290万公顷），14%用于永久性作物用地（80万公顷），1%用于草场/牧区（近6.5万公顷）。36%的有机农业用地没有土地使用信息。

自2013年以来，谷物作为最重要的有机季节性作物（主要是小麦、水稻和玉米），在2019年耕种面积达到近130万公顷，占亚洲谷物种植总面积的0.4%，世界有机谷物种植面积的25%。2019年，有机谷物种植地大多分布在中国（81万公顷），泰国（超过16.9万公顷）和哈萨克斯坦（超过14.6万公顷）。主要的有机谷物有水稻、小麦和玉米。有机水稻占亚洲有机谷物总面积的47%，再加上小麦（25%）和谷物玉

① 本节作者：瑞士有机农业研究所Claudia Meier，Bernhard Schlatter、Olivia Keller和Jan Trávníček；翻译：中国农业大学经济管理学院博士生导师、国家农业农村发展研究院研究员王玉斌，中国农业大学经济管理学院博士研究生李婕；作图：赵惠娟。

米（17%），共占亚洲有机谷物总面积的89%。有机水稻的主要种植地在中国（29.8万公顷），占亚洲有机水稻种植总面积的51%。有机小麦种植面积最大的地方也是中国（17.8万公顷），其次是哈萨克斯坦（13.3万多公顷），两国种植面积几乎可以代表亚洲所有的有机小麦种植面积。多年以来油料作物（主要是大豆）也是亚洲重要的季节性作物，在2019年种植面积超过64万公顷（主要在中国和印度），占亚洲油料作物种植总面积的1.1%，占世界有机油料作物种植面积的38%。大豆是主要的有机油料作物，在2019年种植面积接近43.6万公顷，占有机油料作物种植总面积的68%。有机大豆主要种植在中国（29.1万公顷）和印度（13万公顷），两国种植面积占亚洲有机大豆种植总面积的97%。亚洲地区其他重要的有机季节性作物包括纺织原料作物（近33.9万公顷，大多是棉花，主要在印度）、青饲料（近30.3万公顷，主要在中国）以及药用和芳香类植物（超过12.8万公顷，主要在中国）。

大多数有机多年生作物用地用于种植椰子（近21.6万公顷，占亚洲椰子种植总面积的2.2%，世界有机椰子种植面积的72%）、茶（近12.8万公顷，占亚洲茶种植总面积的3.5%，世界有机茶种植面积的70%）、温带水果（超过11.8万公顷，占亚洲温带水果种植总面积的1.5%，世界有机温带水果种植面积的38%）、咖啡（超过9.9万公顷，占亚洲咖啡种植总面积的3.7%，世界有机咖啡种植面积的14%），以及热带和亚热带水果（近7万公顷，占亚洲热带和亚热带水果种植总面积的0.4%，世界有机热带和亚热带水果种植面积的30%）。菲律宾拥有最大的有机椰子种植区域，超过13.2万公顷，占亚洲有机椰子种植总面积的61%。中国是种植有机茶面积最大的国家。2019年中国有机茶种植面积达10.6万公顷，占亚洲有机茶种植总面积的83%。中国的有机温带水果种植面积也是最大的，达到11.6万公顷，几乎为亚洲有机温带水果的总面积。亚洲大部分的有机咖啡种植地是印度尼西亚，据报道面积超过6万公顷，其次是东帝汶（超过3.2万公顷），这两个国家一共占亚洲有机咖啡种植面积的93%。亚洲地区有机热带和亚热带水果大部分都种植在中国，据统计中国种植了3.4万公顷的有机热带和亚热带水果，占亚洲有机热带和亚热带水果种植面积的49%。

6.2.3 生产者

2019年，据统计亚洲有近160万有机生产者。印度仍然是拥有最多有机生产者的国家（近140万人），其次是泰国（近11.9万人）。遗憾的是，许多国家没有上报生产者的数量，或者仅上报了公司的数量。因此推测，该区域的实际生产者数量应该更多。

2004年，亚洲地区的有机生产者为10万人，如今已经增加了16倍。

6.2.4 野生采集

据统计，2019年亚洲有超过320万公顷的有机野生采集区域。遗憾的是，只有4%的报告区域有详细的数据。从现有的详细资料来看，野生坚果（超过5.5万公顷）和野生水果（3 750公顷）是该地区的主要商品。此外，养蜂场（超过5.6万公顷）发挥了重要作用。中国是该地区有机野生采集区域面积最大的国家，面积超过150万公顷，其次是印度（近140万公顷）和泰国（近9.1万公顷）。

6.2.5 市　场

虽然目前仍然很难获得大多数亚洲国家的有机市场数据，但可预见的是亚洲有机市场将一直持续增长。目前有9个国家提供了有机产品零售额的数据。根据现有的数据，我们猜测亚洲的有机产品销售额已超过108亿欧元。就中国而言，2019年其有机产品销售额已超过85亿欧元，并且中国还是世界第四大有机产品市场。此外，日本国内的有机市场销售额也很高，2018年为14亿欧元，韩国报告的市场年销售额为3.57亿欧元。

6.2.6 数据统计

关于亚洲的更多信息，请参阅图6-1至图6-4。

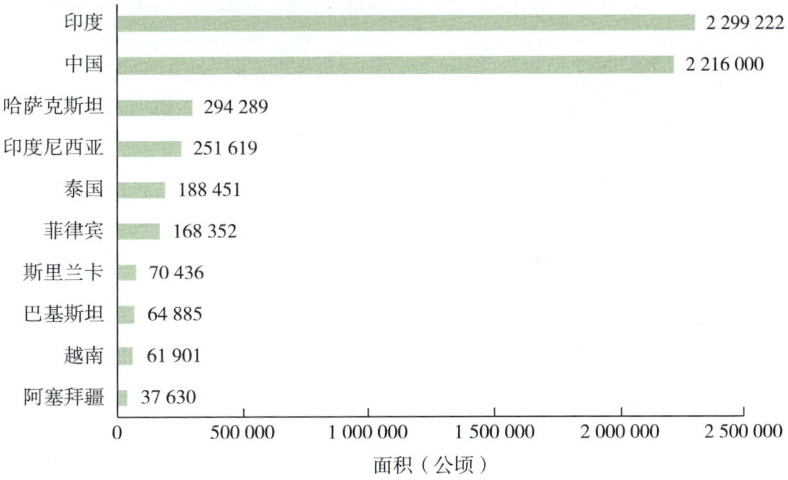

图6-1　2019年亚洲有机面积位列前十位的国家/地区

（数据来源：2021年FiBL调查）

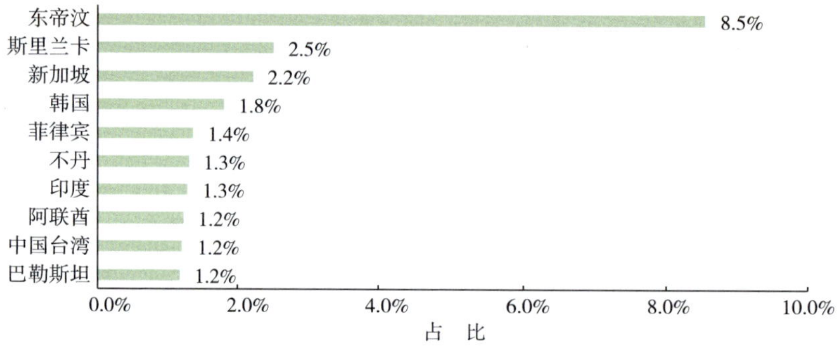

图6-2　2019年亚洲有机农地占比位列前十位的国家/地区

（数据来源：2021年FiBL调查）

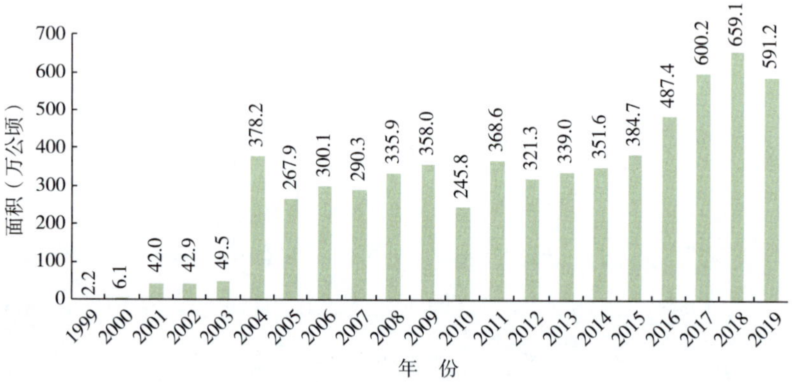

图6-3　1999—2019年亚洲有机农地面积发展情况

（数据来源：2001—2021年FiBL-IFOAM-SOEL调查）

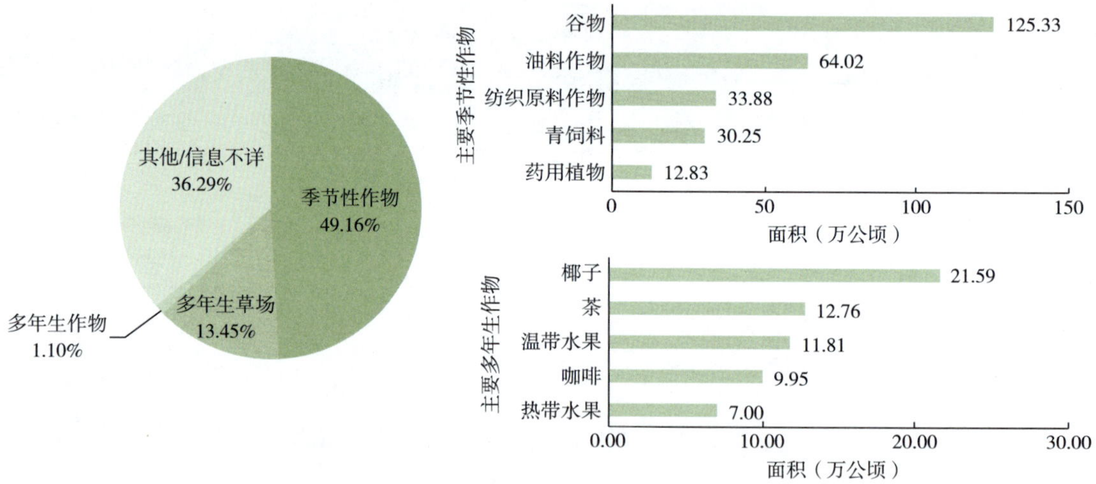

图6-4　2019年亚洲有机农地使用情况

（数据来源：2021年FiBL调查）

7 欧洲有机农业现状

7.1 欧洲有机农业的发展情况①

7.1.1 概　述

陷入新冠肺炎疫情的2020年，对于有机食品行业来说是特殊的一年。2019年的数据显示，欧洲有机生产和市场均呈现持续增长的趋势，相比之下，在2020年，消费者的注意力逐渐转向健康和营养保健品，并且更加关注疾病预防，这使市场增长速度比前几年快得多。以英国为例，该国近年来的年增长率约为5%，其中2020年的增长率还要更高。如果这一趋势在后疫情时代持续下去，势必会影响有机耕地面积的增长，也更有可能实现欧盟委员会的目标，即到2030年有机耕地占比达到25%。要实现这一目标，除了消费者的强烈兴趣外，还需要政治支持措施，包括良好的监管框架、共同农业政策（CAP）和行动计划下的充分支持，以及对研究和知识建设的支持。

---

① 本节作者：Helga Willer、Bram Moeskops、Emanuele Busacca、Léna Brisset、Maria Gernert和Silvia Schmidt；翻译：刘心童；作图：赵惠娟。

最新数据显示，欧洲有机农地面积已经达到了1 650万公顷（欧盟1 460万公顷），整个欧洲的有机农地占农业用地总面积的3.3%（欧盟占比8.1%）。欧盟的有机农地占比远高于世界上大多数国家和地区，全球范围内，有机农地约占1.5%（2019年有机农地面积为7 230万公顷）。

欧盟委员会的目标是到2030年有机种植面积达到25%。奥地利在2019年已经达到这一标准（超过26.1%的农地是有机的），爱沙尼亚（22.3%）和瑞典（20.4%）则非常接近这一标准。

2019年，有机市场的增长再次快于有机农地的面积增长（图7-1）。数据显示欧洲有机食品市场增长了超过410亿欧元，增长了8%，而耕地面积增长了6%。市场的强劲增长是可喜的，但有机农地面积还需要继续强劲增长，以达到欧盟委员会2020年在其“从农场到餐桌”战略中设定的25%的有机面积份额目标。

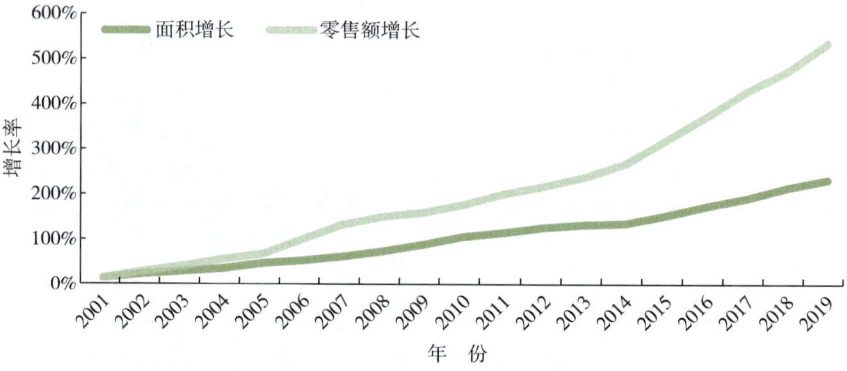

图7-1　2001—2019年欧洲有机农地面积和零售额的累积增长率

（数据来源：2021年FiBL-AMI调查）

7.1.2　欧盟最新有机法规将于2022年实施

2018年6月，欧盟发布了关于有机产品生产和有机产品标签的法规2018/848。新的欧盟有机法规2020/1693计划2021年1月1日起实施，然而，受新冠肺炎疫情在内的诸多因素影响，新法规的实施将推迟至2022年1月1日，该已通过的法规是基本法案。这意味着该法规的许多细节仍须以授权和实施法案的形式加以制定和采纳。二级立法的制定过程始于2018年6月，最迟应于2021年6月完成，比新的有机法规的实施早6个月。最后一套法规将由基本法案组成，并包含15～18个授权和实施法案。

7.1.3 2020年后共同农业政策提案启动

2018年6月，欧盟委员会颁布了共同农业政策（CAP）（2021—2027年）提案。由于3个欧洲机构之间的谈判被推迟，新的共同农业政策将在2023年生效，即有两年的过渡期。

新的共同农业政策展示了一种新的交付模式，这种模式是结果导向的，赋予执行政策目标的成员国以更多灵活性。有机农业可以对可持续食品和农业部门做出决定性的贡献，同时满足公民的偏好。然而，只有提高CAP的预算和奖励机制预算，允许更多的农民做出必要的额外努力和投资，才有可能使大规模的传统农业种植转向有机种植。新CAP规划的奖励机制和充足的预算将鼓励更多农民在2020年后为环境、气候和农村社区做出更大的贡献（IFOAM EU，2019）。

可以预见的是，农村发展部分的第二支柱资助将会被削减。第二支柱已经为农民向有机农业转变提供了大量技术帮助和财务支持。因此，它应该得到强化，且预算的30%都应该用于实现CAP的环境和气候目标（IFOAM EU，2019）。

作为新绿色环保项目的一部分，新提议的生态计划提供了一个很好的机会补偿那些想为气候和环境做出努力的农民。该计划的全部资金由第一支柱资助，从占CAP预算总额3/4以上的第一支柱中获得资金。但是，该方案的实现仍然缺少一些基本条件，生态计划应该得到更精准的定义和界定方法，以便有利于支持提供包含有机农业在内的多种目标的农业系统。此外，第一支柱至少30%的预算应该用于这种新工具。

最后，CAP提高的灵活性需要用强有力的共同保障措施保持平衡。为确保竞争环境公平性，避免气候和环境的竞次，该方案主张两大支柱上都需要加大资金和技术的投入，并且确保至少投入70%的预算。

随着《欧洲绿色协议》（欧盟委员会，2019）、从“农场到餐桌”战略（欧盟委员会，2020）和生物多样性战略（欧盟委员会，2020）于2020年5月的发布，欧盟委员会提出了到2030年向可持续食品体系过渡的明确目标。CAP将在帮助实现这些目标方面发挥关键作用，其中，CAP将借助国家战略计划促进《欧洲绿色协议》和相关战略的实施，其中包括“从农场到餐桌”战略和新欧盟有机行动计划的十大优先事项，即到2030年欧洲有机土地覆盖率将达到25%。

7.1.4 《欧洲绿色协议》和“从农场到餐桌”战略：塑造一个更可持续的欧盟议程

7.1.4.1 《欧洲绿色协议》：2050年实现净零排放的碳中和目标

《欧洲绿色协议》（EGD）是欧盟委员会于2019年12月公布的一项新的增长战略。EGD是冯·德莱恩委员会（2019—2024年）的优先战略之一，目的使欧洲成为第一个实现净零碳排放的大陆。EGD的目标是“将欧盟转变为一个公平和繁荣的社会，一个现代的、资源节约型且有竞争力的经济体，并在2050年前实现温室气体净零排放，实现经济增长与资源使用脱钩”。此外，EGD强调“欧盟具备改造其经济和社会并且走上更可持续发展的道路的能力”。

EGD涵盖了欧盟在可持续性方面可以做得更好的几个部门，包括能源、运输和农业食品部门。本书侧重农业食品部门。“从农场到餐桌”（F2F）和欧盟生物多样性战略，都是2020年5月公布的EGD的一部分，旨在实现EGD在农业食品领域的目标。欧盟生物多样性战略旨在“让自然回到我们的生活中”，包括欧盟自然恢复目标的提议，对环境犯罪方针的审查和可能的修订，以及建立欧盟生物多样性商业运动。

“从农场到餐桌”战略的一些举措和欧盟的生物多样性战略有重叠之处，例如，旨在促进有机和更可持续发展的倡议。由于“从农场到餐桌”战略包括了与整个（有机）食品供应链相关的倡议和目标，本章将重点讨论这一战略。

7.1.4.2 “从农场到餐桌”（F2F）战略概述

作为《欧洲绿色协议》的核心，F2F战略将“全面解决可持续食品系统的挑战，并认识到人类健康、社会健康和地球健康之间不可分割的联系”。

F2F策略由一个主要谈话和附录组成，附录是行动计划。该战略认识到，食品系统排放的温室气体约占世界温室气体（GHG）排放的29%，所有农业温室气体排放的近70%来自养殖业。战略明确指出，“减少对杀虫剂和抗菌剂的依赖，减少化肥的使用，扩大有机农地面积，改善动物福利，并扭转生物多样性的丧失迫在眉睫。”F2F旨在引领全球向有竞争力的可持续发展转型，即从“农场到餐桌”。

F2F战略的目标：①确保食品生产、运输、分配、营销和消费对环境产生中性或积极的影响；保护和恢复陆地和海洋资源；②减缓气候变化；③扭转生物多样性的丧失；④确保粮食安全、营养和公共卫生。

值得注意的是，F2F战略没有法律约束力，这意味着政策必须支持其中包含的倡议和目标。在下文中，我们将概述那些对有机行业有直接影响的倡议如何发挥作用。为了简洁起见，本书只考虑那些直接影响有机的倡议。

7.1.4.3 “从农场到餐桌”战略和有机

有机农业在“从农场到餐桌”战略中占有突出地位。从F2F战略的目标——到2030年实现至少25%的欧盟农业用地是有机农地，并显著增加有机水产养殖——可以看出，该战略认识到有机是我们目前面临的环境挑战的解决方案之一。如果采取以往的做法，或者只依赖少量优惠政策，这25%的目标是无法实现的。为了达到25%的目标，欧盟需要对有机产品进行全面政策支持，以增加有机产品的供应和需求。

作为F2F战略的一部分，欧盟委员会承诺审查欧盟农业和食品推广计划，以提高其对可持续生产和消费的贡献。到2020年年底，欧盟委员会承诺提供总计1.829亿欧元的资金来推广欧洲农产品，例如在国内市场或第三国开展以可持续农业为重点的活动。有关有机农业、欧盟可持续农业以及农业食品部门在气候和环境方面的活动预算约占总预算的一半，即8 600万欧元。

其他直接影响有机的F2F战略计划，以及在撰写本书时尚未实施的计划包括：①欧盟委员会将在2021年年初提出一项关于有机农业的行动计划。在这种背景下，推动有机产品生产和需求的措施至关重要。②确定制定可持续食品采购最低强制性标准的最佳方式，以促进学校和公共机构的健康和可持续饮食（包括有机产品），预计实施时间是2021年第三季度。③欧盟委员会将采取措施方便种子品种的登记，包括有机耕作，并确保传统品种和适应当地的品种更容易进入市场。

7.1.5 研究项目

有机农业研究受到国家研究计划（国家有机行动计划）及欧洲计划的共同资助。自20世纪90年代中期以来，欧盟框架计划已经资助了数个有机农业研究项目。到目前为止，以下针对有机农业的项目得到了当前框架计划（地平线2020[①]）的资助：OK-Net Arable、OK-Net EcoFeeda、LIVESEEDb、ECOBREEDc和BRESOVd（3种有机种子和植物栽培项目）。RELACSa和Organic-PLUSb已在2018年春季启动，研究有机农业中有争议投入的替代品的研究项目。在2019年，启动了一个针对有机农业动物福利的新

① 获取更多信息请登录https://ok-net-ecofeed.eu；www.liveseed.eu；http://ecobreed.eu；https://bresov.eu；https://relacs-project.eu或https://organic-plus.net；www.ppilow.eu或https://biofruitnet.eu/。

项目PPilow，以及一个关于9种有机水果生产的主题网络项目（BioFruitNet）。

在2019年庆祝成立15周年后，2020年，联合欧盟成员国并资助跨国研究项目的CORE Organic[①]发布了15年的活动报告（2004—2019年）（CORE Organic，2021）。目前的CORE Organic，包括来自19个国家的27个合作伙伴，选定的12个项目将运行到2021年，分布在4个专题领域：植物生产系统、动物饲料、牲畜系统和有机食品加工[②]。报告显示，CORE Organic已经初步完成了扩大欧洲有机农业研究领域的使命：专题资助的项目数由专题数决定，且同等重要，同时，保证中小企业的参与和促进知识的创新和传播，这使得该组织可以更好地满足对有机食品和产品的需求，落实每条有机原则和规定。与欧洲有机食品和农业技术平台TP Organics和其他相关部门的合作确保了农民、工业和民间团体的跨国组织的意见也得以被考虑在内。随着Organics Eprints开放存取库，一个能有效传播研究成果的共享知识库随之成立。CORE Organic项目的成果被归档在有机电子版开放存取库中，目前有超过2.4万个条目（Willer Rasmussen，2019）。

7.1.5.1 有机农场知识平台（Organic Farm Knowledge）为农民和顾问们提供了交流学习的平台

2018年12月，由Horizon 2020资助的OK-Net Ecofeed项目启动了有机农场知识平台（https://organic-farmknowledge.org/），它最初是OK-Net Arable框架的一部分。平台旨在促进欧洲农民之间信息和技术交流，支持14种语言。2019年，平台涵盖有机饲料、种子等多个主题。2020年，为进一步发展有机农场知识，平台开发了总体框架，其中包括一个概述主要任务的行动计划，这个行动计划目前正在由来自欧洲的14个合作伙伴新成立的执行和编辑委员会实施。OK-Net Ecofeed的最终目标是成为欧洲有机农业实用信息的知识文库。

7.1.5.2 2020 Biofach（国际有机食品博览会）科技日

2020年2月14日，2020 Biofach科技日[③]举办，为有机企业提供了创新机会。TP Organics[④]是欧洲有机食品和农业的技术平台，其主办的2020 Biofach科技日致力于解决

---

① CORE Organic是欧盟委员会在2004年启动的ERA-NET计划的一部分。它计划加强各国研究活动之间的合作，并旨在通过协调和协作提高欧洲研究资源的质量、相关性和利用。

② 获取更多信息请登录http://projects.au.dk/coreorganiccofund。

③ 获取更多信息请登录www.tporganics.eu/science-day-2020。

④ 获取更多信息请登录www.tporganics.eu。

食品和包装废弃物（特别是塑料废弃物）的迫切需要，以提高（有机）食品部门的可持续性。欧盟委员会强调，对有机和农业生态的支持被视为未来粮食和农业系统的重要组成部分。在《欧洲绿色协议》（EGD）中，欧盟委员会的目标是解决欧盟食品系统“从农场到餐桌”的整个价值链所面临的挑战。改善包装、减少食物损失和浪费、赋权消费者等策略都提上了议程。Horizon Europe项目中至少35%的资金将用于气候解决方案，预计将有100亿美元用于第六组项目“食品、生物经济、自然资源、农业和环境”方面。

TP Organics的有机产品农业生态学的新战略研究与创新议程（TP Organics，2019）提出了29个研究需求，分布在四项优先领域：①进一步推广有机；②重新设计粮食和农业政策；③适应气候变化的多样化农业体系；④改善食品系统的可持续价值链。2020 Biofach科技日强调了满足消费者对最低限度加工和支持创新以减少食品和包装浪费的重要性。Bio4Pack和FUTAMURA公司提出了可持续包装的解决方案。为了实现循环经济，基于纤维素或有机废物的生物塑料适合堆肥或循环利用。有机饼干公司SOMMER就生物塑料的使用提出了自己的见解。虽然生物塑料展示出良好的屏障性能，且不减少产品的货架期，但材料和废物处理成本较高。为了广泛使用生物塑料，消费者需要了解如何正确处理其废弃物；公共废物管理也需要适应这种新材料，并且包装的实际成本应该反映在其价格上。

7.1.5.3 有机创新日

有机创新日[①]是TP Organics的年度活动，将有机部门和欧盟的政策制定者聚集在一起。该活动于2020年11月24—25日首次在线举办，与欧盟H2020项目LIVESEED合作，该项目由IFOAM EU协调。互动环节中，有机创新日再次为广泛的利益相关者，包括各公司和研究人员，农民和农民组织，以及欧洲各地的决策者提供了一个独一无二的机会，讨论有机领域内外的研究需求和创新，以改变我们的食品系统。

虽然LIVESEED举行了最后的利益相关者和决策者的会议。会上，欧洲研讨会展示了关键项目成果、创新之处和最终结果，TP Organics会议集中在新的欧盟研究项目——如何借力有机和农业生态学的潜力，推动向可持续食品和农业系统的转换。欧盟委员会表示，有机和农业生态学已经在许多的欧洲政策中发挥了关键作用，包括“从农场到餐桌”战略。欧洲地平线计划将成为《欧洲绿色协议》（EGD）的关键推动者。尽管如此，我们仍然需要除研究和创新之外的手段，以更全面的方式来支持有机。

① 获取更多信息请登录http://www.tporganics.eu/organic-innovation-days。

7.1.5.4 欧洲地平线计划

欧洲地平线是欧盟的第九个研究和创新框架计划（R&I），2021—2027年将提供1 000亿欧元的预算。TP Organics发布了一份简报，目的是提供计划（结构及内容）和政策程序的概览，包括预期的时间表。2019年春季，欧洲议会和欧盟理事会就欧洲地平线达成临时协议。根据这项协定，欧洲委员会已开始编制第一个战略计划。战略计划将确定特派团和欧洲伙伴关系，并为欧洲地平线前4年工作方案的内容和征求建议提供服务。第一个工作计划预计将于2021年4月出台。100亿欧元将被分配在“食品、生物经济、自然资源、农业和环境”领域。由于TP Organics的存在，欧洲地平线计划的法律条文规定其应该支持有机农业和农业生态。工作计划草案的最新版本（从2020年12月21日开始）包括3项专门解决有机研究需求的提案：“培育有机作物育种的研究”“防止食品质量标签掺假的创新解决方案——关注有机食品和地理标志”和“达成从农场到餐桌的目标——促进欧盟有机农业和水产养殖的R&I方案”。此外，还有18项提案提到“有机”。

TP Organics也在支持欧洲地平线计划中的土壤健康和食品任务，并加速农业系统转型，这对支持有机农业和农业生态的升级至关重要。然而，TP Organics担心，将创新原则纳入欧洲地平线计划可能会破坏原来的预防原则，导致影响欧盟的社会和环境保护①。只有在不损害公众健康和生态环境情况下的创新才是有意义的。

7.1.6 第二十届世界有机大会

每3年，有机行业都会举办全球最大规模的有机聚会—世界有机大会（OWC）。第二十届世界有机大会将于2021年9月6日至10日在法国雷恩举办（因受新冠肺炎疫情影响，该届有机大会时间由2020年调整为2021年），这是世界有机大会自2008年以来首次在欧洲举行。基于“植根于斯，有机激发生命”这一主题，2021年OWC将致力于从可持续农业、价值链和消费方面，为有机从业者和志同道合的利益相关者提供一个交流知识、创新和经验分享的机会。在大会召开前的几天里，与会代表们将有机会参加8场针对特定主题的预备会议之一，其中一场会议将集中讨论有机农业统计数据。

① 创新原则会拖延重要的社会、健康和环境法规的实施。尽管包括TP Organics在内的一些社会组织希望将创新原则从欧洲地平线计划中移除，但未能达成。更多关于这一原则的信息，请访问https://tporganics.eu/innovation-principle。

7.2 欧洲和欧盟的有机农业及市场发展[①]

2019年，欧盟有机产业发展的特点是各项关键指标持续增长。2019年，有机市场的增长速度超过了有机农地面积的增长，延续了过去几年的发展趋势。只有在2018年，有机农地面积的增长速度超过了市场增长的幅度。有机市场的强劲增长虽然可喜，但有机农地的面积仍需继续增长才能达到欧盟委员会于2020年在其“从农场到餐桌”战略中设定的25%的有机农地面积占比目标。

7.2.1 产量和市场亮点

7.2.1.1 2019年，欧洲有机农地面积超过1 650万公顷，其中西班牙的有机农地面积最大

2019年，欧洲有1 650万公顷的土地采用有机的管理方式（欧盟为1 460万公顷）。西班牙以超过230万公顷的有机土地面积继续位列欧洲地区榜首，在欧洲有机农地面积的占比中超过14%，其次是法国（220万公顷）和意大利（200万公顷）。

7.2.1.2 欧洲有机农地面积增加了近100万公顷

2019年，整个欧洲的有机农地面积增加了近100万公顷（法国和乌克兰的增长最多），欧盟有机农地面积增加了近90万公顷，在整个欧洲的增长率是6.3%，在欧盟国家中的增长率是6.2%。欧洲有机农地面积增速略低于2018年，但高于21世纪的前几年。2010—2019年，欧洲有机农业用地增加了2/3以上。

7.2.1.3 列支敦士登是全球有机农地占比最高的国家

2019年，欧洲有机农地占农业用地总面积的3.3%，在欧盟占8.1%。在欧洲和全球，列支敦士登的有机农地比例最高，为41%，其次是奥地利，为26.1%。

7.2.1.4 有机食品生产者、加工商和进口商的数量都在上升

2019年，欧洲有近43万名有机生产者（欧盟超过34.3万名），其中土耳其（74 545名）和意大利（70 561名）的有机生产者数量最多。2019年欧洲有机生产者的数量增长了2.8%（欧盟增长了5%），2010—2019年，欧洲和欧盟的有机生产者的增幅分别为

---

① 本节作者：Jan Trávníček、Helga Willer和Diana Schaack；翻译：刘心童；作图：赵惠娟。

58%和56%。

2019年，欧洲有超过81 719家有机加工商，较2018年增长了8.5%；欧盟有近78 240家，较2018年增长了9.1%。加工商数量最多的国家是意大利（21 940名）。

2019年，进口商的数量增长快于生产商和加工商的数量。欧洲有超过6 500家进口商，与2018年相比增长了12.1%；欧盟有超过5 747家进口商，与2018年相比增长了13.9%，其中德国是进口商数量最多的国家（1 831家）。

7.2.1.5 有机产品零售市场持续增长

2019年，欧洲有机食品零售额为450亿欧元（欧盟为414亿欧元）。欧盟是仅次于美国的第二大有机产品市场。德国是欧洲最大的市场，也是世界第二大市场，零售额达119.7亿欧元。

2019年，欧洲有机产品市场增长8.0%（欧盟也增长8.0%）。在主要市场中，增长最快的是法国，较2018年增长了13.2%。在2010—2019年的10年里，欧洲和欧盟的有机市场增长翻了一番以上。

7.2.1.6 有机产品进口——中国是最大的供应商

2019年欧盟有机产品进口数据显示，欧盟有机产品进口总量为320万吨，最大的供应商是中国。欧盟进口的主要产品是热带水果。荷兰是进口量最多的国家。

7.2.1.7 欧洲消费者在有机食品上花费更多

2019年，欧洲消费者在有机食品上人均消费为56欧元（欧盟为84欧元）。在过去10年里，消费者在有机食品上的人均支出翻了一番。

7.2.1.8 欧洲拥有最高的有机食品市场份额

全球范围内，欧盟国家在其各自的食品市场中占有最高的有机食品销售份额。丹麦拥有全球最高的有机食品市场份额（12.1%），是第一个超过10%的国家。奥地利的有机食品市场份额为9.3%，预计很快就会达到10%。

7.2.2 有机农业用地

7.2.2.1 有机农业用地

2019年，欧洲有机种植面积为1 650万公顷，其中欧盟为1 460万公顷。欧洲近90%

的有机农地位于欧盟。有机农地面积最大的国家是西班牙（占欧洲有机农地面积的14%），其次是法国、意大利和德国，欧洲略高于50%的有机农地位于这些国家（图7-2和图7-3）。全球有超过1/5的有机农地在欧洲。前几年，欧洲的有机农地占全球有机农地总面积的1/4。由于2017年以来澳大利亚有机农地面积的强劲增长，欧洲的占比才有所下降。

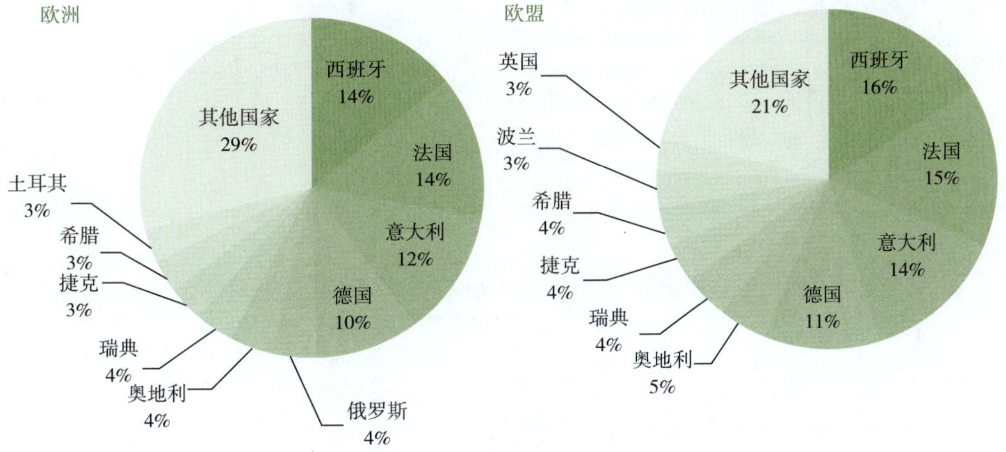

图7-2　2019年欧洲及欧盟各国有机农地分布情况

（数据来源：2021年FiBL-AMI调查）

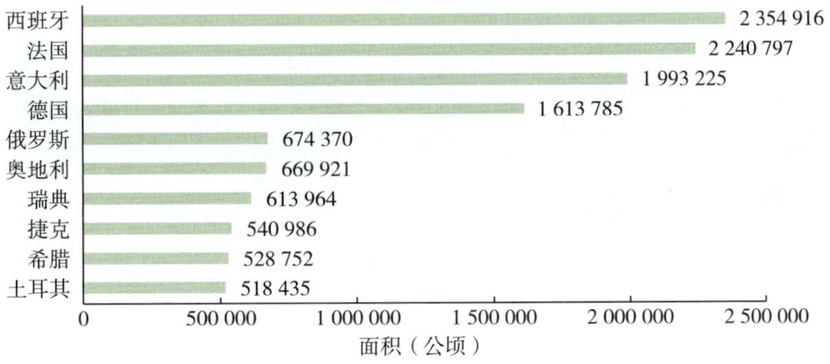

图7-3　2019年欧洲有机农地面积位列前十位的国家/地区

（数据来源：2021年FiBL-AMI调查）

7.2.2.2　有机农业用地占农业用地总面积的比例

在欧洲，3.3%的农业用地采用有机方式管理，在欧盟是8.1%。欧洲总共有10个国家有10%（含）以上的有机农地，其中有8个是欧盟国家（图7-4）。有机农地占本国农业用地比例最高的国家是列支敦士登（41%），其次是奥地利（26.1%）、爱沙尼亚（22.3%）和瑞典（20.4%）。列支敦士登同时也是世界上有机农地占比最高的国家。

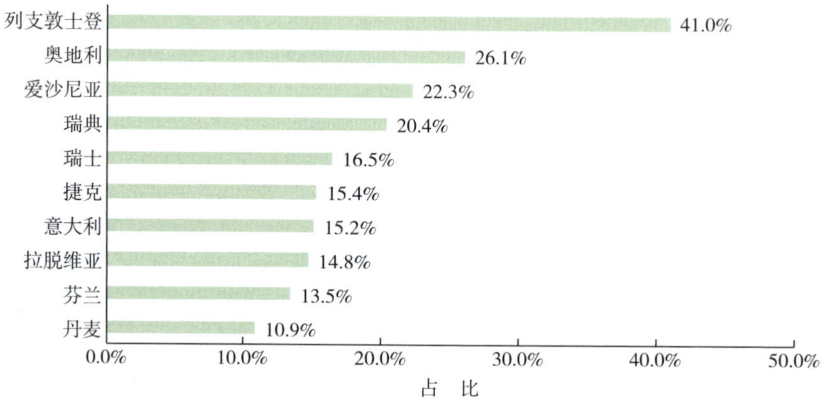

图7-4 2019年欧洲有机农地占比位列前十位的国家/地区

（数据来源：2021年FiBL-AMI调查）

7.2.2.3 有机农地面积的增长

2019年，欧洲的有机农业用地增加了92万公顷，增幅为5.9%，其中欧盟国家增加了82万公顷，增幅为5.9%。由于乌克兰有机农地面积的大幅增加（增长了158 880公顷），因此整个欧洲的有机农地绝对增长率高于欧盟国家（图7-5和图7-6）。

对欧洲增长率贡献最高的国家是法国，其次是乌克兰、西班牙、德国和葡萄牙，这5个国家共新增有机农地面积近74万公顷。相对增长率最高的国家是科索沃（548%），其次是波黑（88%）、摩尔多瓦（62%）和乌克兰（51%）（图7-7）。但是，也有一些国家的有机种植面积有所减少，如土耳其、爱尔兰、冰岛和保加利亚。

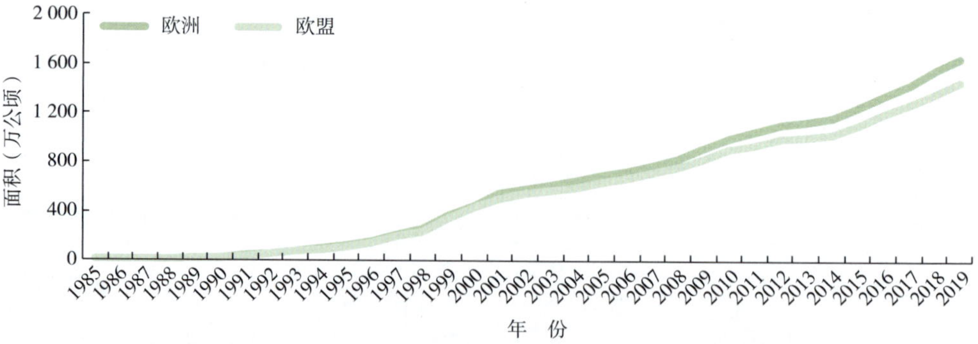

图7-5 1985—2019年欧洲及欧盟有机农业用地面积变化

（数据来源：2021年FiBL-AMI调查）

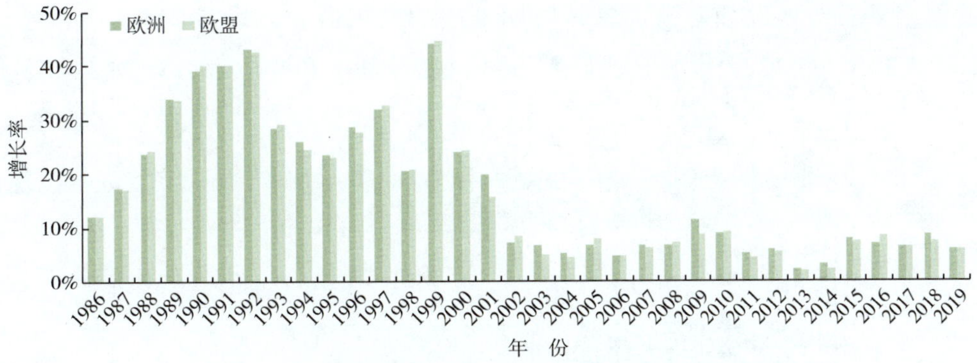

图7-6　1986—2019年欧洲及欧盟有机农业用地增长率

（数据来源：2021年FiBL-AMI调查）

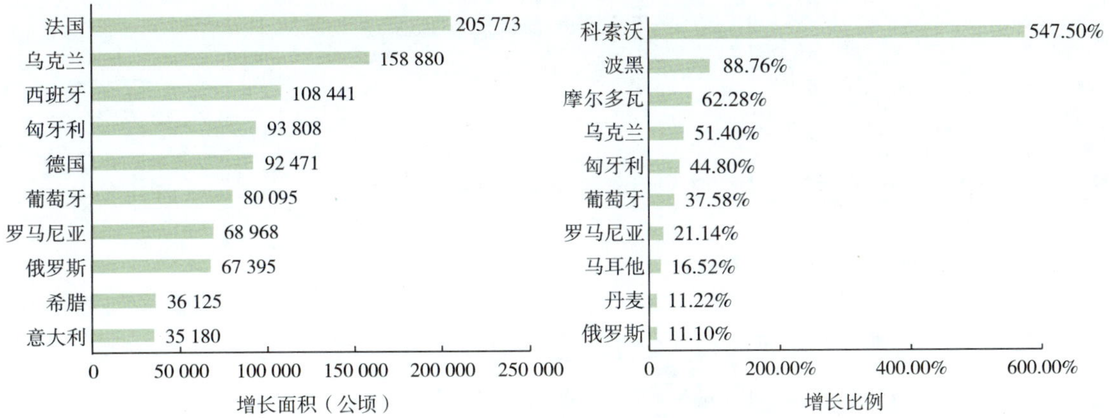

图7-7　2019年欧洲有机农业用地增长面积和增长比例前十位的国家/地区

（数据来源：2021年FiBL-AMI调查）

7.2.2.4　转换期有机农地面积的增长情况

欧洲大多数国家提供了本国完全转换及转换期内的土地详细信息，但奥地利、德国和瑞士等少数国家未能提供相关数据。

在欧洲1 650万公顷的有机农业用地中，有至少1 110万公顷的土地已完成有机转换[①]（欧盟的1 460万公顷中1 000万公顷已完成转换），有至少260万公顷的土地正在转换中（欧盟有230万公顷）（图7-8）。因此，可以预测在不久的将来，有机产品的供应会大幅增加。

① 统计中不包含奥地利、德国和瑞士。

就国家来看，西欧和南欧国家转换期土地的面积最大，特别是法国（565 571公顷）、意大利（383 127公顷）、西班牙（346 622公顷）和罗马尼亚（183 741公顷）。

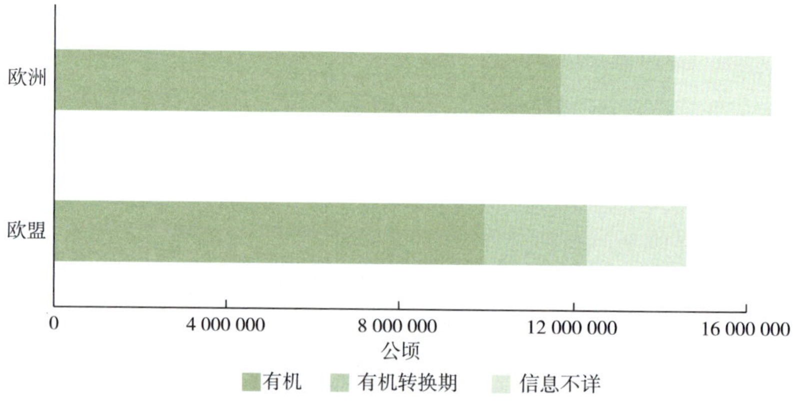

图7-8 2019年欧洲和欧盟有机土地的转换情况

（数据来源：2021FiBL-AMI调查）

7.2.3 土地使用和有机农业种植的作物

7.2.3.1 土地使用

欧洲所有国家的土地使用和作物情况均有详细数据，而世界其他地区的相关数据往往无法获得。在这方面，欧洲与世界其他地区差别较大。自2004年以来，欧洲所有类型①的农业用地面积均稳步增长②。

耕地面积在有机农地中占据相当大的比例（图7-9）。欧洲有780万公顷，欧盟有660万公顷，分别占有机农地面积的47%和45%。由于俄罗斯和乌克兰有大面积生产谷物、油料作物和干豆类的土地，欧洲的有机季节性作物用面积更大。多年生草地在欧洲有650万公顷，在欧盟就有640万公顷；欧洲和欧盟分别有180万公顷和160万公顷的有机多年生作物用地。根据联合国粮食及农业组织（FAO）非严格可比的数据，有机耕地占欧洲耕地总面积的3.6%（欧盟7.2%）。虽然欧盟的有机牧场在永久放牧区域总面积中占比高达13.4%，但欧洲的这一数据却较低（3.5%）。多年生作物用地的有机份额最高：欧盟为13.4%，欧洲为10.5%。

① 主要的土地用途类型：季节性作物（主要为谷类、新鲜蔬菜、青饲料、干豆、油料作物等），永久性草地（牧场和草甸）以及多年生作物（果树和浆果、橄榄园和葡萄园）。

② 2004年，FiBL开始收集有机作物和土地使用数据。

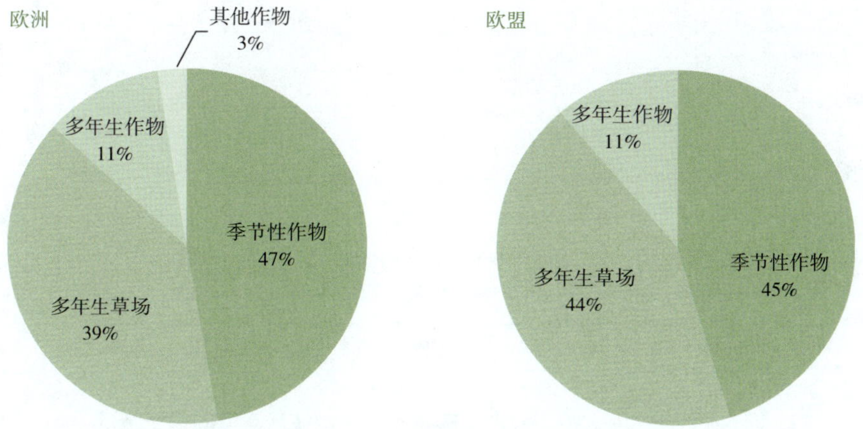

图7-9　2019年欧洲和欧盟有机土地使用的分布情况

（数据来源：2021年FiBL-AMI调查）

2018—2019年欧洲耕地面积增幅为4.5%，主要是因为德国和法国统计的有机耕地面积大幅增加。在欧盟，耕地面积增加了7.5%，草地和多年生作物增加了约4.6%。欧洲国家的草地面积增长了4.6%，欧盟国家增长了7.5%。2015—2019年，耕地面积增长近40%，增幅高于多年生作物面积（约30%）和多年生草地面积（超过20%）。这也彰显了有机农业集约化的特点。按国家来看，西班牙拥有最大的多年生草场/牧区，面积近130万公顷，其次是德国和法国（图7-10）。意大利以150万公顷位列有机农地面积（即季节性和多年生作物用地）榜首，法国和西班牙分别以150万公顷和110万公顷紧随其后。2004—2019年欧洲和欧盟有机农业土地使用类型增长情况见图7-11和图7-12。

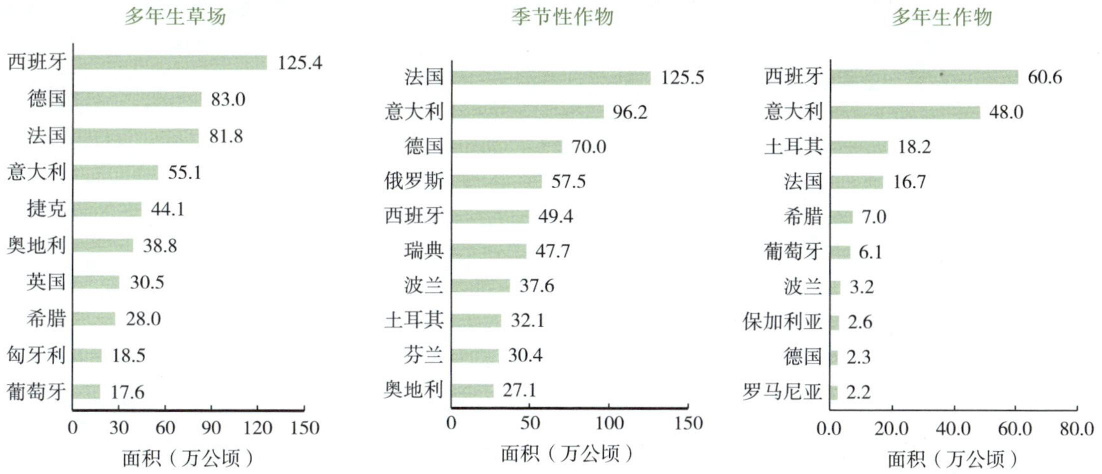

图7-10　2019年欧洲有机农业土地使用前十位国家的情况

（数据来源：2021年FiBL-AMI调查）

图7-11　2004—2019年欧洲有机农业土地使用类型的增长情况

（数据来源：2006—2021年FiBL-AMI调查）

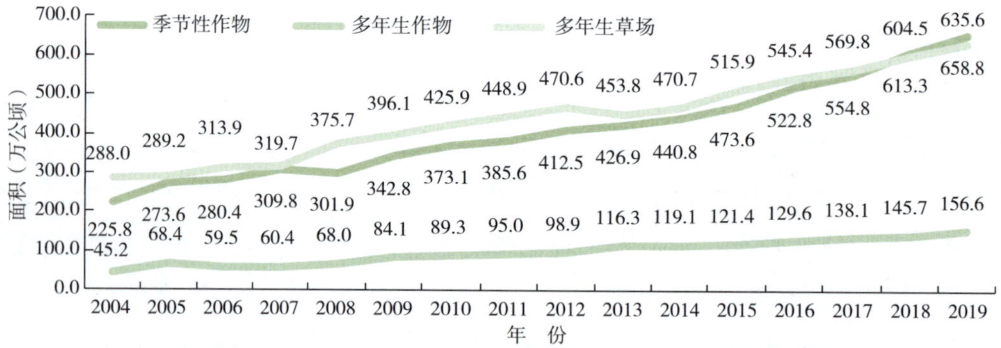

图7-12　2004—2019年欧盟有机农业土地使用类型的增长情况

（数据来源：2006—2021年FiBL-AMI调查）

7.2.3.2　有机农业种植的作物情况

2019年，欧盟国家所有主要类型季节性作物和永久性作物的种植面积均呈现增长态势。

季节性作物

有机季节性作物用地的很大一部分（欧洲790万公顷，欧盟660万公顷）用于生产谷物和青饲料，占有机季节性作物用地的2/3左右。就有机作物而言，干豆类是最成功的作物，在欧盟，它们几乎占干豆种植总面积的近1/5。在有机农业中，干豆类在作物轮作和动物饲养中很重要。然而在传统农业中却不见其踪影，原因是蛋白质作物被引入动物饲料中，而且作物轮作提供的肥力被化肥所取代。在主要作物中，油料作物和谷物的土地面积增幅最大。2009—2018年，油料作物的土地面积增长最快，增长了一倍多。有关各国作物分类的更多信息，请参阅在线数据库statistics.fibl.org。

有机谷物是欧洲最大的作物群，有300万公顷，占欧洲谷物种植面积的2.3%。在欧盟，有机谷物是第二大作物群体，有240万公顷，占谷物种植面积的4.3%。有机小麦是最重要的谷类作物（110万公顷）。有机谷物种植面积最大的国家是德国和法国（近34.8万公顷）和意大利（包括大面积硬粒小麦）。有机谷物种植面积占比最高的国家是奥地利（17.5%）、爱沙尼亚（14.8%）和瑞典（13.1%）。在欧盟之外，俄罗斯、土耳其和乌克兰是主要的谷物生产国。

在欧盟，面积最大的季节性作物是青饲料，有260万公顷（欧洲250万公顷）。三叶草、青玉米和其他饲草是主要的季节性作物。

2019年，欧洲的有机蔬菜[①]种植面积近20.1万公顷，欧盟的有机蔬菜种植面积超过18.6万公顷，分别占各自蔬菜种植总面积的4.4%和8.7%。有机蔬菜种植面积最大的是意大利（64 762公顷），其次是法国（30 690公顷）和西班牙（22 022公顷）。卢森堡（50%）、冰岛（44.8%）和丹麦（33.5%）的有机蔬菜种植面积占比都很高。

欧洲有机干豆类种植面积有54.8万公顷，欧盟有46.7万公顷，占所有干豆类种植面积的很大比例（欧洲8.4%，欧盟21.6%）。其中一个原因是，由于全球市场上用于动物饲料和人类消费的廉价大豆等供应，传统作物的种植面积多年来一直在减少。干豆类的强劲增长及其较高的有机份额也反映出欧洲有机农民们努力提高土壤肥力以减少对蛋白质作物进口的依赖。干豆类种植面积最大的国家是法国（131 070公顷），其次是德国（52 000公顷）、意大利（47 523公顷）和波兰（47 101公顷）。奥地利的有机干豆类种植面积占比最高（70%），其次是芬兰（65%）和丹麦（48%）。

多年生作物

欧洲的大部分多年生作物用地（欧洲180万公顷，欧盟160万公顷）种植了橄榄、葡萄和坚果。其中橄榄占多年生作物面积的1/3，葡萄占1/5。2015—2019年，热带和亚热带水果的产量增长最快，增长了一倍多。在欧洲，橄榄（62万公顷）和葡萄（40万公顷）占多年生作物面积的2/3。两者的有机比例都超过了各自总量的10%。

大多数多年生作物的有机占比高于季节性作物。然而，应当注意的是，欧盟统计局的数据并不包括有机农业中种植的所有浆果或坚果类型，因此，无法在所有情况下都直接进行比较。有关各国作物分类的更多信息，请参阅在线数据库statistics.fibl.org。

西班牙、法国和意大利的有机葡萄种植面积均超过10万公顷，在意大利，有15.7%

① 在一些国家，马铃薯被列入蔬菜类。

的葡萄是有机的，法国为14.8%，西班牙为12.9%。算上拥有13.5%有机葡萄面积的奥地利，这些国家拥有较高的有机葡萄占比。

意大利和西班牙的橄榄种植面积最多（分别为242 708公顷和209 708公顷）。法国（33%）和意大利（21%）有机橄榄的占比最高。西班牙的有机橄榄种植面积增长最快，2019年增加了9 000多公顷。

欧洲温带水果的有机种植面积为147 926公顷（欧盟为121 267公顷），占温带水果种植总面积的5.3%（欧盟为9.7%）。部分欧盟国家有很多土地专门用于种植温带水果（例如，波兰的苹果和波罗的海国家的浆果，两者都用于加工而不在鲜果市场销售）。最重要的水果是苹果（66 657公顷）、樱桃（17 627公顷）、李子（17 602公顷）和杏（16 382公顷）。最大的温带水果生产国是意大利（26 499公顷），其次是法国（23 450公顷）和土耳其（20 244公顷）。

7.2.3.3 其他有机区域

除了农业用地，还有更多的有机区域，其中大部分是野生采集区，占地1 060万公顷（欧盟720万公顷）。欧洲（及世界）最大的野生采集区在芬兰，有460万公顷（主要是浆果）。

7.2.4 有机畜禽

到目前为止，有机畜禽的相关统计数据尚不完整，目前无法全面分析整个行业的现状。然而，根据现有的数据来看，欧洲国家有机畜禽行业正处于快速发展阶段。许多国家有机畜牧业的发展始于牛肉、羊肉和牛奶的生产。在欧洲，饲养了大约510万头牛、540万头羊、近160万头猪和超过6 230万只家禽。与某些作物群体相比，畜禽的有机比例仍然很小（0.9%～4%），这取决于动物种类。单胃动物（猪和家禽）的比例最低，部分原因是当地有机饲料供应不足，且难以进口可追溯的认证饲料，对猪和家禽畜舍和围栏的投入高，以及消费者必须支付的高额溢价。由于广泛性的生产计划转换更容易，因此绵羊和牛的有机产品比例最高。同时，并非所有这些有机产品都以能在有机市场上溢价销售。

2010—2019年，家禽数量增长最快（110%），部分原因是鸡蛋需求量较高。然而，在此期间的牛肉和奶牛占比也大幅增长（增长了81%），绵羊（增长了55%）和猪（增长了110%）也同样增长。欧洲有超过500万头有机牛，德国、法国和奥地利的数量最多；在拉脱维亚、列支敦士登、瑞典、奥地利和希腊，牛类养殖的有机比例最高，均超过20%。至于有机绵羊（共540万头），数量最多的是希腊、英国和法国；拉脱维亚、爱沙尼亚和捷克的有机养殖比例最高，均超过40%。德国、丹麦、法国和荷兰的有机生猪数量最多（每个国家都超过了10万头）。应当指出的是，丹麦和法国提供的是屠宰动物的数量，而不是每年的平均数量，意味着这两国的生猪数是德国和荷兰的两倍。列支敦士登、丹麦和法国的有机生猪比例最高。由于定义不同，家禽与猪的国家级数据不具有可比性。

有机牛奶产量是所有欧洲国家均可提供的相关生产指标之一。由于不断增长的牛奶和乳制品需求，有机牛奶的产量自2007年以来几乎翻了一番（图7-13）。2019年欧洲有机牛奶的产量为635万吨（欧盟为604万吨），占2018年欧盟牛奶产量的3.4%。

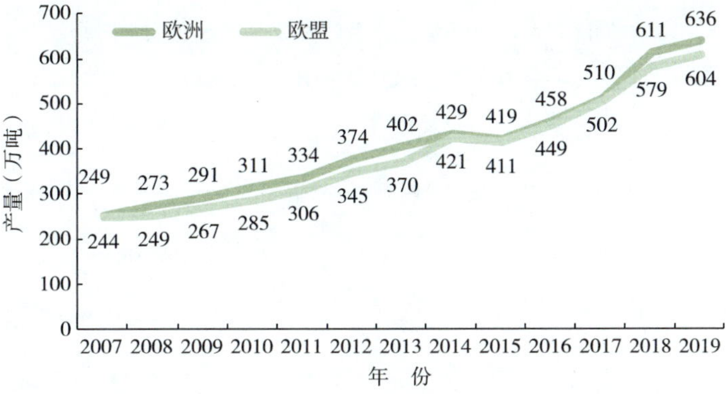

图7-13 2007—2019年欧洲和欧盟有机牛奶生产的发展情况

（数据来源：2009—2021年FiBL-AMI调查）

7.2.5 生产者、加工商、进口商和出口商

虽然几乎所有国家都能获得有机生产者的数据，但关于加工商和进口商的数据却很少，出口商的数据则更少。虽然数据实用性的情况有所改善，但这些年来加工商、进口商和出口商的数据信息仍不清晰。

7.2.5.1 有机生产者

2019年，欧洲有超过43万名有机生产者，欧盟有近34.4万名有机生产者。欧盟国家中，有机生产者最多的国家是意大利（超过7万名）；欧洲国家中，是土耳其（超过74 500名）（图7-14）。欧盟的整体增长势头（增长了5%）强于整个欧洲（增长了2.8%），主要是因为法国、德国和西班牙的显著增长。2010—2019年，欧洲生产者的数量增加了58%（欧盟为56%）（图7-15）。目前世界上近1/6的有机农户分布在欧洲。

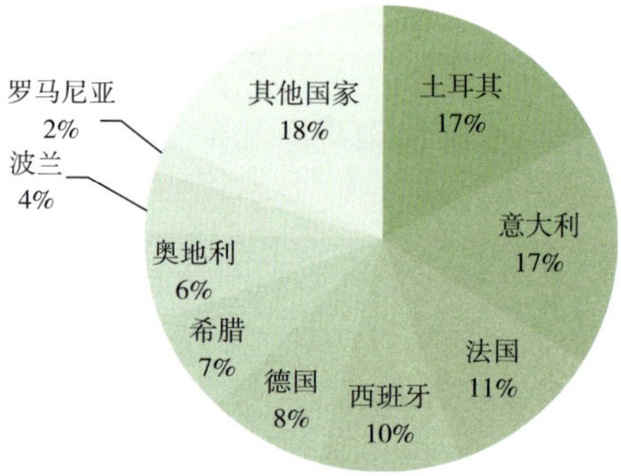

图7-14　2019年欧洲各国有机生产者的分布

（数据来源：2021年FiBL-AMI调查）

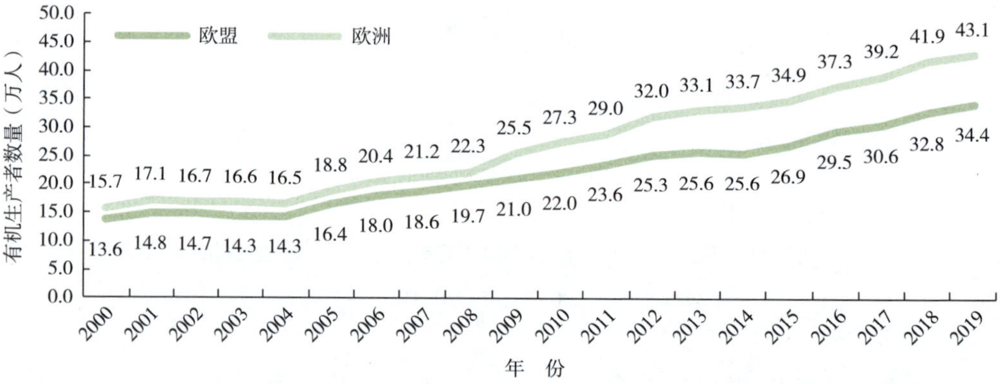

图7-15　2000—2019年欧洲和欧盟有机生产者的发展情况

（数据来源：2006—2021年FiBL-AMI调查）

7.2.5.2　有机加工商和进口商

2019年，欧洲有超过81 719个有机加工商（与2018年相比增长了8.5%），欧盟有超过7.8万个有机加工商（较2018年增长了9.1%）。有机加工商数量最多的国家是意大利（21 940个）（图7-16）。在欧洲有超过6 500个进口商（增长了12.1%），而欧盟有约5 700个进口商（增长了13.9%）。德国是进口商最多的国家（有1 831个）。

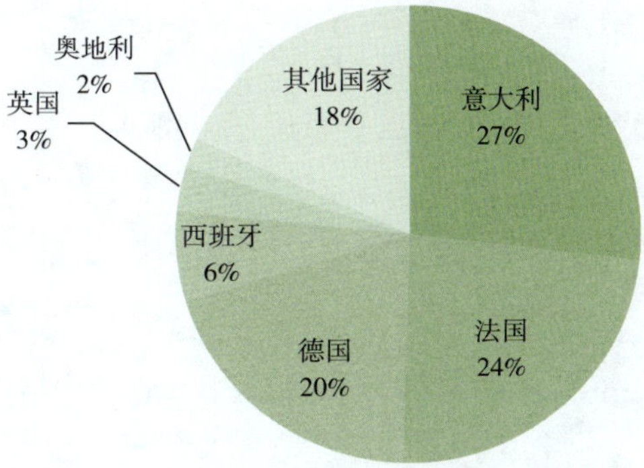

图7-16　2019年欧洲各国有机加工商的分布

（数据来源：2021年FiBL-AMI调查）

7.2.6　有机产品零售额

2019年，欧洲的有机市场增至450亿欧元（欧盟国家为414亿欧元）。然而，并不是所有的国家都定期提供其国内市场的数据，因此可以估计实际的市场要更大。

7.2.6.1　有机产品市场规模

德国仍是欧洲最大的有机产品市场（零售额120亿欧元），是仅次于美国的世界第二大有机产品市场。法国以113亿欧元的零售额位居欧洲第二位。从单一市场角度来看，全球有机产品市场中，美国占据领先地位：全球的有机产品零售额的43%来自美国（447亿欧元），而欧盟紧随其后（414亿欧元，占全球有机产品零售额的39%）（图7-17）。

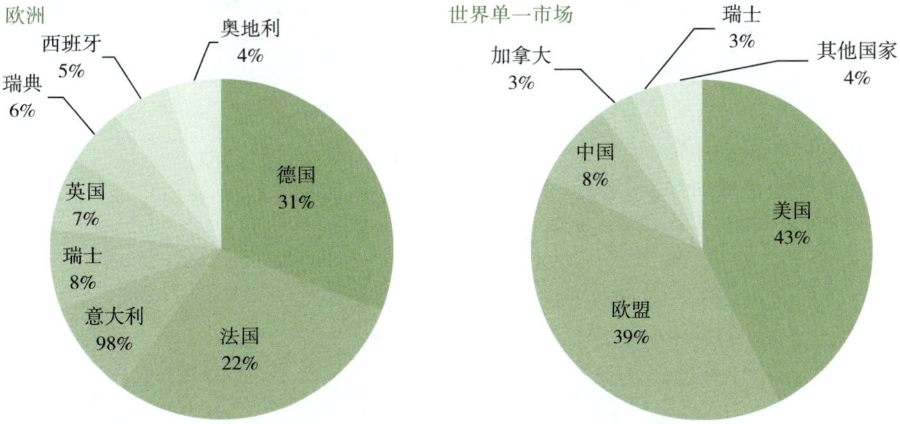

图7-17　2019年欧洲各国零售额和世界单一市场零售额的分布情况

（数据来源：2021年FiBL-AMI调查）

7.2.6.2 有机市场的增长

欧洲和欧盟的有机市场增长了8%。2010—2019年，有机市场规模增长了一倍多（图7-18）。所有公布了最新数据的国家都呈现了增长，一些还是两位数增长。爱沙尼亚市场的增长速度最快（13.2%），其次是法国和比利时（分别为11.8%和10.4%）（图7-19）。前十年英国的零售额曾有多年呈下降趋势，但在2019年增长了5.3%。值得注意的是，由于英国脱欧公投后英镑汇率下跌，2015—2017年英国以欧元计价的销售额有所下降。

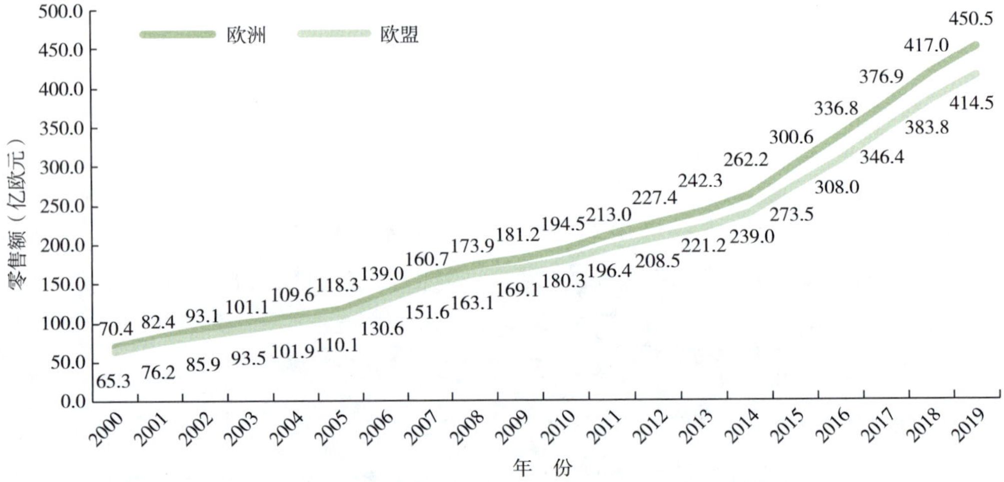

图7-18 2000—2019年欧洲和欧盟有机零售额的发展情况

（数据来源：2006—2021年FiBL-AMI调查）

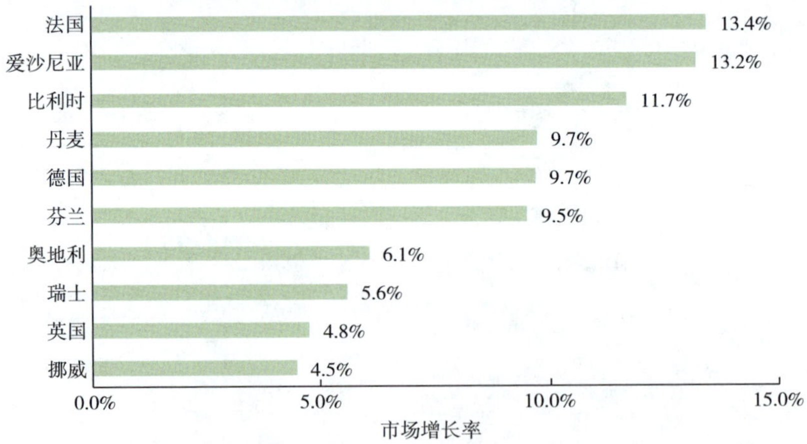

图7-19 2019年欧洲有机市场增长率位列前十位的国家/地区

（数据来源：2021年FiBL-AMI调查）

7.2.6.3 有机产品人均消费量

和往年一样，2019年，有机产品人均消费量最高的国家为丹麦（344欧元）和瑞士（338欧元）（图7-20）。有7个国家的人均消费量均超过100欧元。

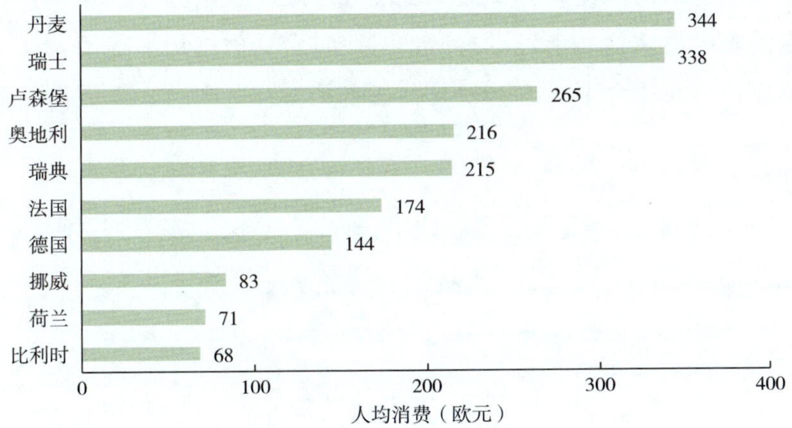

图7-20 2019年欧洲人均消费有机产品位列前十位的国家/地区

（数据来源：2021年FiBL-AMI调查）

人均消费的增长表明了消费者的兴趣在持续增长，特别是2019年的显著增长（图7-21）。欧洲的人均消费量上升到55.8欧元，欧盟国家则为84.2欧元（图7-21）。

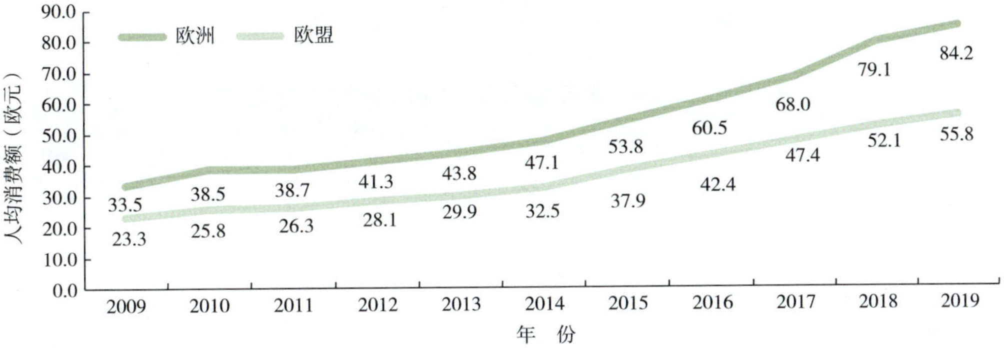

图7-21 2009—2019年欧洲和欧盟有机产品人均消费增长

（数据来源：2006—2021年FiBL-AMI调查）

在中欧和东欧国家，消费者支出仍然很低。有迹象表明市场目前发展迅速，特别是在波罗的海国家（爱沙尼亚、拉脱维亚和立陶宛）。然而，一些国家缺少零售额数据，也没有定期更新。捷克是唯一拥有零售数据永久收集体系的国家。

7.2.6.4　有机市场份额

有机产品在零售总额中所占的份额体现了有机产品市场在某一国家的重要性。同往年一样，欧洲国家中，2019年有机产品所占市场份额最高的是丹麦（12.1%，也是全球有机市场份额最高的国家），其次是瑞士（10.4%）和奥地利（9.3%）（图7–22）。事实上，许多国家的整体食品市场没有增长，同时食品价格却下降了，这导致有机食品的份额增长得更快。相比之下，单独看某种或者某类有机产品，反而会发现其市场份额会高得多。

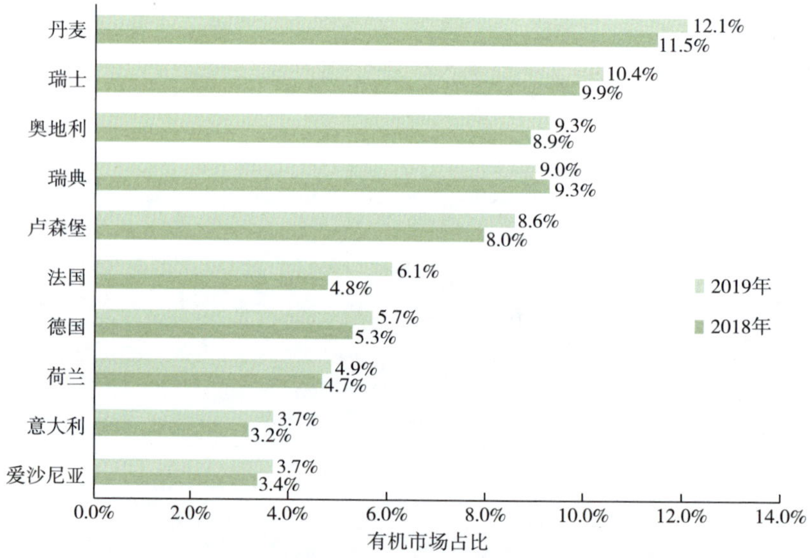

图7–22　2019年欧洲有机市场占比前十位的国家/地区

（数据来源：2021年FiBL-AMI调查）

7.2.6.5　单一产品与市场整体的比较

虽然有机产品整体的市场份额是一个重要的指标，但同样重要的是单一有机产品或类别的市场份额。在许多国家，有机鸡蛋是整个零售市场的成功案例之一，它们在整个鸡蛋市场中占据了惊人的比例。丹麦和法国的有机鸡蛋市场份额高达30%。

有机水果和蔬菜在欧洲的有机消费者中仍然非常受欢迎。有机蔬菜在市场中的份额仅次于鸡蛋，占瑞士、奥地利、丹麦和瑞典等国所有蔬菜销售额的10%或以上。例如，仅新鲜胡萝卜或新鲜南瓜在德国就占有近30%的市场份额。在瑞典和瑞士，有机乳制品的有机市场份额达到10%或更高。在丹麦，有机牛奶占到有机市场份额的30%。个别产品可以达到更高的市场份额，有机燕麦片（丹麦市场份额超过52%）或有机牛奶替代品（德国市场份额为61%）就是很好的例子。另外，有机饮料（葡萄酒除外）和肉类（尤其是家禽）等产品在许多国家的市场份额很低。在传统市场中，这些产品通常都经过过度加工且价格非常便宜。另一个因素还在于，许多有机食品消费者倾向于少吃肉或不吃肉。

7.2.6.6 有机农业的营销渠道

一些国家有能力通过营销渠道来提供他们的零售额的详细分析数据。在可能的情况下，餐饮销售额的数据还可以从总体有机市场的数据中删除。图7-23表明不同国家的零售销售渠道（不包括餐饮服务/膳食）的重要性有所不同。过去，对于一般零售业表现较为强势的国家（如奥地利、丹麦、瑞典、瑞士和英国）而言，他们的有机市场也会表现出稳定增长。法国和意大利是市场增长强劲的典范，并且即便专业零售商的重要性不断下降，他们依然在这些国家发挥着非常重要的作用。

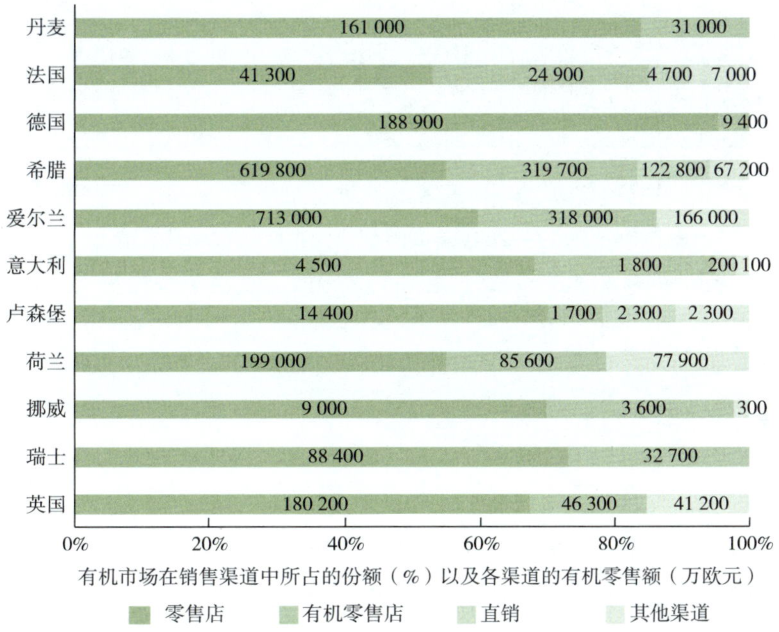

图7-23 2019年欧洲部分国家有机产品的销售渠道

（数据来源：2021年FiBL-AMI调查）

在德国，超市已经成为市场的驱动力，而专业零售商却面临着越来越激烈的竞争。2014年，33%的有机产品在有机食品商店销售，而2019年这一数字下降到了26.6%。连锁超市与有机食品协会建立了合作关系，并以其品牌销售产品，如Bioland-Lidl、Naturland-Rewe和Demeter-Kaufland partners。这些合作关系为农民和加工商在本国销售产品创造了可能性。

奥地利和瑞士的有机市场再次蓬勃发展。在这两个国家，食品零售连锁店从一开始就积极参与到有机食品市场的发展中来——两国的市场份额都在80%左右。零售连锁店与有机协会Bio Austria和Bio Suisse有着密切的合作。瑞士的Coop和Migros多年来一直在推动和开发项目，例如关于生物多样性、季节性和长角奶牛的项目。2017—2019年欧洲部分国家有机市场发展情况见图7-24。

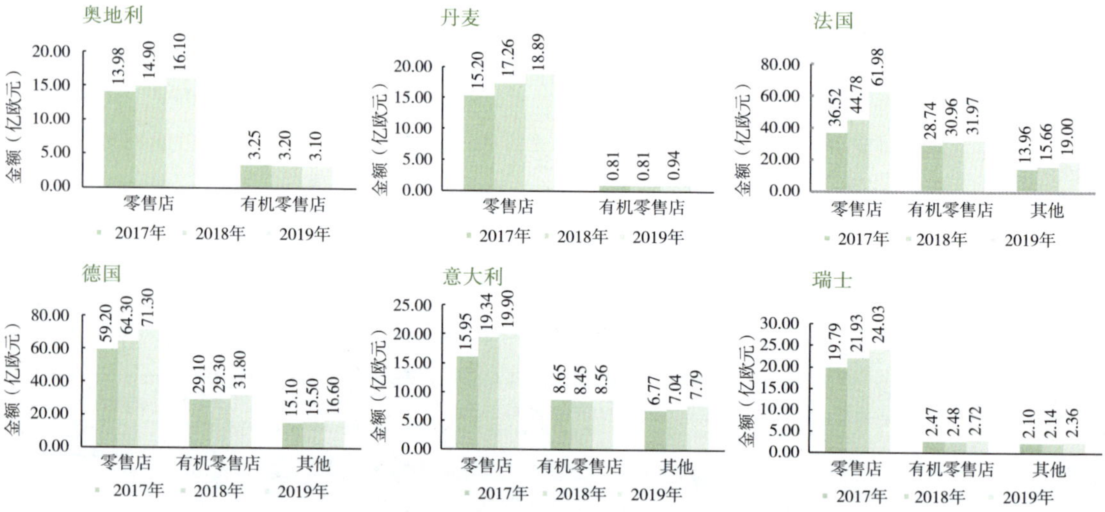

图7-24　2017—2019年欧洲部分国家有机市场发展情况

（数据来源：奥地利—AMA Marketing；丹麦—Organic Denmark/LV；法国—Agence Bio；德国—Arbeitskreis Biomarkt；意大利—AssoBio/Nomisma；瑞士—Bio Suisse）

7.2.6.7　有机产品进口

欧盟是全球第二大有机市场，该地区首次提供了显示主要进口产品和主要进口国的有机进口数据。2019年，欧盟共进口320万吨有机农产品。进口热带水果（鲜果或果干）、坚果和香料这三大单一类别的产品，共计885 930吨，占进口总量的27.3%，其次是豆饼、大米和小麦以外的谷类、大米和小麦。中国是欧盟最大的有机农产品供应国，供应量为433 705吨，占欧盟有机产品进口总量的13.4%。

7.2.7　新冠肺炎疫情对有机市场的影响

新冠肺炎疫情对大多数人的购买行为产生了巨大影响，使许多国家的有机食品市场出现了前所未有的好转。人们大部分时间都在家就餐，外出就餐的时间也减少到了最低限度。总体而言，超市的食品销售增长迅速，例如在德国，自疫情开始以来，已经有超过10%的增长。有机食品的销售速度甚至更快。当消费者有选择的时候，即不在食堂与餐厅就餐时，他们会更多地选择有机产品，例如，德国的有机市场在2020年的增长是普通食品市场的两倍。健康、环境和气候变化已成为人们面临的重大问题，在疫情中更是如此。当旅行暂停，餐馆和剧院停业，消费有机食品成为新的可能，超市、天然食品商店和直销商满足了消费者对更健康、更区域化的产品和有机产品的需求。

为适应消费者不出门或购物不走太远的偏好，许多商店在销售食品方面变得更有创意。像有机产品的线上销售和其他非接触式购物方式（如门店提货），都得到了极大的发展。

一旦疫情结束，有机食品领域的这种发展还会继续吗？大多数专家认为至少能保持类似的销售水平，因为人们对有机、环境和健康问题的意识将继续存在。我们同时也观察到在疫情期间，一些人群随着收入的降低也随之减少了有机产品的消费，有机产品零售额也相应减少。

随着市场的增长，有机产品的生产和加工需要在同一水平上增长。到目前为止，中小企业已经主导了有机加工。他们需要成长，否则新的企业就必须进入市场，特别是集约化的作物生产和动物生产，以及这些产品的加工。欧盟的“从农场到餐桌”战略可以通过多项措施来支持这一发展。

7.2.8 结　论

全球和欧洲市场有机农业的现有数据表明，在国际范围内，欧洲有机行业发展得很好。相对较高的农业用地份额，持续增长的面积和运营商数量，以及快速增长的市场，显示了欧洲有机市场和部门的非凡活力。

在过去的几年里，许多国家有机市场的增长快于产量增长，国内的供应不能满足需求。因此，许多有机组织或市场参与者都在呼吁更多的农民转向有机生产，这些努力的效果已经显现，产量和市场的增长速度是一致的。现在需要更多的加工、储存和配送设施来处理更多的原材料。

虽然新冠肺炎疫情的大流行表明有机市场有可能更快扩张，但FiBL在预测趋势时，数据的可用性和质量仍然是个问题。国际贸易数据仍然缺失。然而，有一项主要的进展是获得了欧洲最新的进口统计数据，这些数据显示了哪些国家和产品是第二次针对欧盟出口（欧盟委员会，2019年和2020年）。这些统计数据的获取将有助于实现将全球有机农业生产数据与国际贸易数据进行对比，也可以为潜在的欺诈案件提供重要线索。

此外，虽然国内市场数据的获取状况在改善，但采集数据的方法却很多，严格地说，并不具备准确的可比性。不同的方法和数据获取途径仍然是一个挑战。对于许多国家来说，特别是中欧和东欧国家，零售额数据不是连续采集的。因此，人们对有机产品销售的重要性知之甚少。所以，我们建议提高数据的可用性和可获取性，统一分类、命名和定义，特别是有机市场数据，并提高数据质量。

7.2.9 鸣　谢

本章节的数据建立在欧洲有机数据网络项目（Organic Data Network）之上，该项目根据第289376号赠款协议，由“欧盟研究、技术发展和示范活动第七框架”资助，该项目已于2014年结束。笔者要向所有为本章节数据收集做出贡献的人员，尤其向有机数据网络项目的合作人员表达衷心的感谢。

数据收集工作在IFOAM Organics Europe的一个项目框架内得到了扩展，使得我们能够进一步开发交互式信息图表，并在预测有机领域和市场的发展方面取得进展。

参考文献和扩展资料

CORE Organic，2021. CORE Organic 15-year activity report（2004-2019）[EB/OL]. CORE Organic，c/o ICROFS，Tjele. https://projects.au.dk/fileadmin/ingen_mappe_valgt/CO_2020_15_Year_Activity_Report_Final.pdf.

European Commission，2019. EU agricultural outlook for markets and income，2019-2030[EB/OL]. European Commission，DG Agriculture and Rural Development，Brussels. https://ec.europa.eu/info/food-farming-fisheries/farming/facts-and-figures/markets/outlook/medium-term_en.

European Commission，2019. CAP and development. The Europa Website. European Commission，Brussels[EB/OL]. https://ec.europa.eu/info/food-farming-fisheries/farming/international-cooperation/cap-and-development_en.

European Commission，2019. The European Green Deal. European Commission，Brussels[EB/OL]. https://ec.europa.eu/info/sites/info/files/european-green-deal-communication_en.pdf.

European Commission，2020. A Farm to Fork Strategy for a fair，healthy and environmentally-friendly food system[EB/OL]. European Commission，Brussels. Available at https://eur-lex.europa.eu/resource.html?uri=cellar:ea0f9f73-9ab2-11ea-9d2d-01aa75ed71a1.0001.02/DOC_1&format=PDF.

European Commission，2020. EU imports of organic agri-food products. Key developments in 2019. EU Agricultural Market Briefs，No 17，June 2020[EB/OL]. https://ec.europa.eu/info/sites/info/files/food-farming-fisheries/farming/documents/market-brief-organic-imports-june2020_en.pdf.

European Commission，2020. EU Biodiversity Strategy for 2030[EB/OL]. European Commission，Brussels. https://eur-lex.europa.eu/legal-content/EN/TXT/HTML/?uri=CELEX：52020DC0380&from=EN.

European Parliament and the Council，2018. Regulation（EU）2018/848 of the European Parliament and of the Council of 30 May 2018 on organic production and labelling of organic products and repealing Council Regulation（EC）No 834/2007[EB/OL]. OJ L 150，14.6.2018：1-92. Available at https://eur-lex.europa.eu/eli/reg/2018/848/oj.

Eurostat，2020. Data tables organic agriculture[EB/OL]. The Eurostat website eurostat.ec.europa.eu Eurostat，Luxembourg. http://ec.europa.eu/eurostat/data/database.

IFOAM EU，2018. Towards a post-2020 CAP that supports farmers and delivers public goods to Europeans. Avoiding a race to the bottom - An ambitious and better targeted[EB/OL]. IFOAM EU，Brussels. https://www.ifoam-eu.org/sites/default/files/ifoameu_policy_cap_position_20181009_2.pdf.

Meredith S，Willer H.，2016. Organic in Europe 2016[M]. IFOAM EU，Brussels.

TP Organics，2019. Strategic research & innovation agenda for organics and agroecology leading the transition to sustainable food and farming in Europe[EB/OL]. IFOAM EU，Brussels. https://tporganics.eu/wp-content/uploads/2019/12/ifoam-sria-full-final.pdf.

TP Organics，2019. TP Organics Briefing Horizon Europe - The next EU research & innovation framework programme（2021-2027）[EB/OL]IFOAM EU，Brussels.http://tporganics-horizon-europe-briefing.pdf.

Willer H.，Schaack D.，2014. Final report on the compilation of key organic market data[M]. Research Institute of Organic Agriculture（FiBL），Frick，Switzerland.

Willer Helga，Rasmussen Ilse A.，2019. International Online Archive Organic Eprints - Current Status. Research Institute of Organic Agriculture FiBL[EB/OL]. Frick. https://orgprints.org/37003/.

关于数据收集和所涉国家的说明

与世界其他地方一样，欧洲的数据收集是通过多种信息源进行的。然而，我们要指出的是，欧盟统计局（Eurostat）正在不断扩大其在有机农业领域的数据收集工作，有关有机地区、牲畜和经营者的大部分数据都来自欧盟统计局。

本章聚焦于欧洲的有机农业和市场统计，包括欧盟的28个成员国，即13个欧盟国家（在2004年5月或之后成为欧盟成员国），以及欧盟15国（它们在2004年5月1日10个候选国家加入之前是欧盟成员国）。2019年的数据统计中，欧盟成员国包括英国。欧盟候选国家和潜在候选国家（CPC）：阿尔巴尼亚、波黑、科索沃、北马其顿，黑山、塞尔维亚和土耳其。欧洲自由贸易协会（EFTA）成员：冰岛、挪威、列支敦士登和瑞士。其他欧洲国家：安道尔、白俄罗斯、摩尔多瓦、俄罗斯、圣马力诺和乌克兰。

8 拉丁美洲和加勒比海地区有机农业现状①

8.1 概　述

据报道，2019年拉丁美洲和加勒比海地区（共44个国家）有机生产区域的面积约830万公顷，占该地区农业用地总面积的1.2%，占世界有机农地总面积的11%。与2018年相比，该地区有机农地面积增加了近28.4万公顷。自2000年以来，有机农地面积翻了一番（增加了近440万公顷）。自2001年以来，有机农地面积最大的国家是阿根廷，其次是乌拉圭和巴西（图8-1）。2018—2019年，阿根廷的有机农业用地面积增长了1%，达到近370万公顷。乌拉圭的有机农业用地面积减少了0.2%，但仍超过了210万公顷。巴西的有机农业用地面积增长了8%，达到近130万公顷。2019年，有机农业占农业总面积比例最高的国家为乌拉圭，高达15.3%（自2014年以来的最高占比），其次是法属圭亚那，达到11.3%，多米尼加以5.5%的占比，排名第三位（图8-2）。

① 本章作者：Claudia Meier、Bernhard Schlatter、Olivia Keller和Jan Trávníček；翻译：袁勋；作图：赵惠娟。

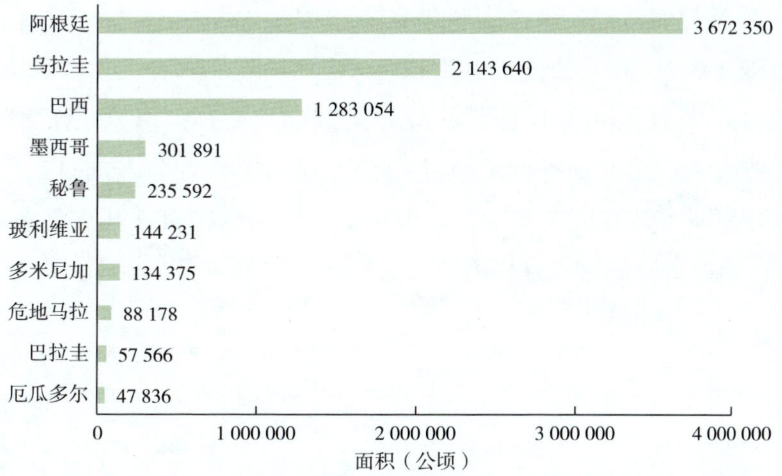

图8-1　2019年拉丁美洲和加勒比海地区有机农地面积位列前十位的国家/地区

（数据来源：2021年FiBL调查）

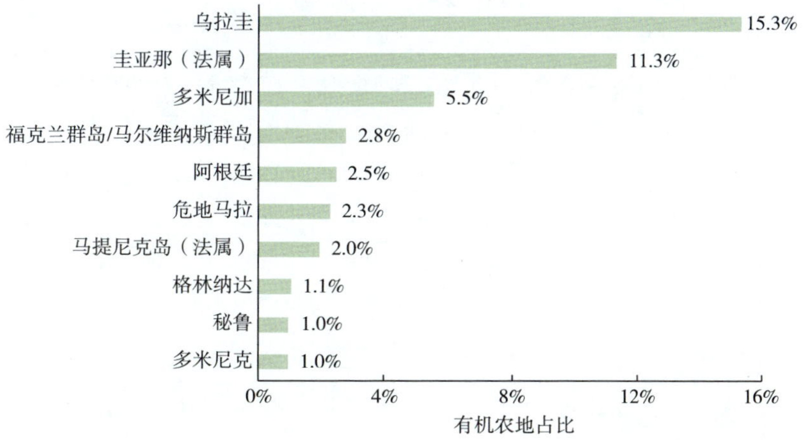

图8-2　2019年拉丁美洲和加勒比海地区有机农地占比前十位的国家/地区

（数据来源：2021年FiBL调查）

8.2　土地使用

1999—2019年拉丁美洲和加勒比海地区有机农地发展情况见图8-3。2019年，在拉丁美洲和加勒比海地区所有的有机农地中，我们已获得了其中84%的有机农地利用类型的详细信息（图8-4）。在该地区全部有机农地中仅有5%的有机农地被用于耕种季节性作物（约44.1万公顷）；同时，有71%的土地被用作草地/牧区（近590万公顷）。多年生作物种植面积超过64.3万公顷（占该地区有机农地面积的8%），另有16%的农地利用类型尚不明确（超过130万公顷）。阿根廷（近340万公顷）、乌拉圭（超过210万公顷）拥有该地区最大的有机多年生草场/牧区。玻利维亚有机季节性作物的耕地面积最大（近13.5万公顷），其次是秘鲁（超过9.6万公顷）和墨西哥（超过7.2万公顷）。秘鲁（超过13.8万公顷）是有机多年生作物种植面积最大的国家，其次是多米尼加（超过11.5万公顷）和墨西哥（近10.7万公顷）。

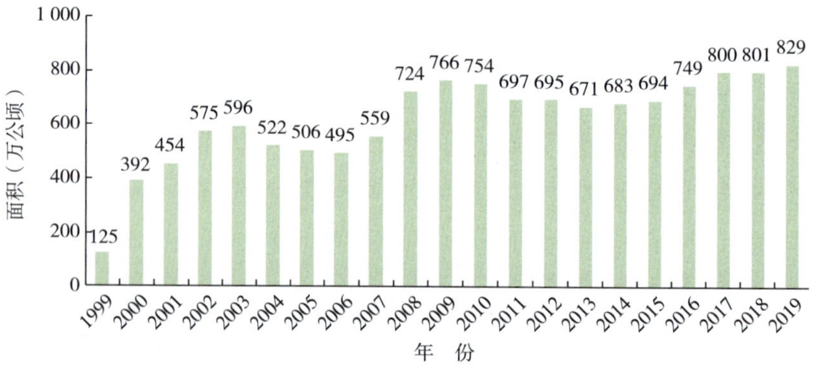

图8-3　1999—2019年拉丁美洲和加勒比海地区有机农地发展情况

（数据来源：2001—2021年FiBL-IFOAM-SOEL调查）

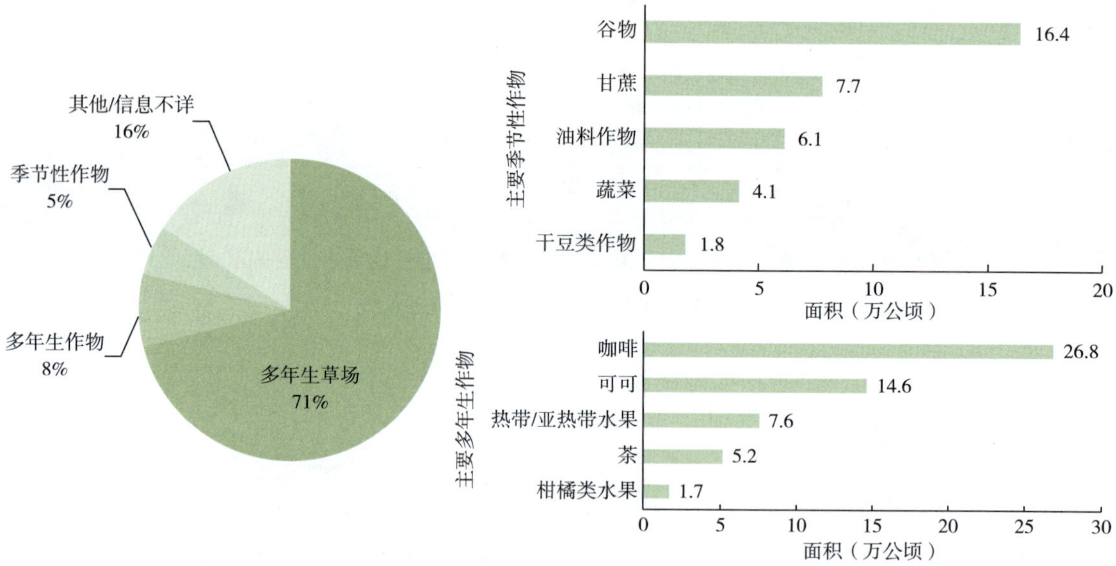

图8-4　2019年拉丁美洲和加勒比海地区有机农业用地情况

（数据来源：2021年FiBL调查）

自2010年以来，拉丁美洲和加勒比海地区主要的有机季节性作物是谷物，2019年种植面积近16.4万公顷，占该地区有机季节性作物种植面积的37%。自2005年以来（除2012年以外），甘蔗是该地区最重要的三种有机季节性作物之一，2019年种植面积超过7.7万公顷，占有机季节性作物种植面积的18%。有机油料作物的重要性日益提高，到2019年已达到近6.1万公顷，占有机季节性作物种植面积的14%。2019年，有机谷物占该地区谷物总面积的0.3%，占世界有机谷物面积的3%。拉丁美洲和加勒比海地区的主要有机谷物是藜麦（超过11.7万公顷），占该地区藜麦种植面积的66%，约占全世界有机藜麦种植面积的100%。玻利维亚拥有超过10.6万公顷的有机藜麦种植区域，是最主要的生产国。有机甘蔗占该地区甘蔗种植总面积的0.6%，占世界有机甘蔗种植面积的87%。有机甘蔗的主要生产国是巴拉圭（超过3.2万公顷）和阿根廷（约2万公顷）。有机油料作物占该地区油料作物种植总面积的0.1%，占世界有机油料作物种植面积的4%。该地区主要的有机油料作物是芝麻（超过1.6万公顷），占该地区所有芝麻种植面积的6%，占世界有机芝麻种植面积的11%。有机芝麻的主要生产国是玻利维亚，面积近4 000公顷。

2019年拉丁美洲和加勒比海地区最重要的三种有机多年生作物仍然是咖啡、可可豆和热带水果。有机咖啡种植面积超过26.8万公顷，占该地区有机多年生作物种植面积的42%；有机可可豆种植面积超过14.6万公顷，占该地区有机多年生作物种植面积的23%；有机热带水果种植面积近7.6万公顷，占该地区有机多年生作物种植面积的12%。有机咖啡占该地区咖啡种植总面积的5%，占世界有机咖啡种植面积的38%。拥有最大有机咖啡种植区的国家是秘鲁（近10.3万公顷）、墨西哥（近7.3万公顷）和尼加拉瓜（超过3.1万公顷）。有机可可豆占该地区可可豆种植总面积的8%，占世界有机可可豆种植面积的40%。

多米尼加是有机可可豆种植面积最大的国家（约9万公顷），其次是秘鲁（超过2.5万公顷）。有机热带水果占该地区热带水果种植总面积的2%，占世界有机热带水果种植面积的35%。2019年，拉丁美洲和加勒比海地区种植的主要热带水果是香蕉（近5.7万公顷），有机香蕉占该地区香蕉种植总面积的3%，占世界有机香蕉种植面积的90%。有机香蕉种植面积最大的国家是多米尼加（超过2.5万公顷）和厄瓜多尔（近1.7万公顷），以上两个国家有机香蕉的种植面积在该地区有机香蕉种植总面积中所占比例为74%。

8.3 生产者

2019年，拉丁美洲和加勒比海地区的有机生产者数量超过22.4万人。有机生产者数量最多的国家是秘鲁（近8.1万人）、墨西哥（近3.7万人）和巴西（超过2.2万人）。值得注意的是，有机生产者的数量在很大程度上取决于各国提供的经营者类型。一些国家仅提供了农场与公司的数量，另外一些国家提供的是从事有机种植的小农户数量。

8.4 野生采集

在拉丁美洲和加勒比海地区，有机野生采集发挥着重要的作用。2019年，该地区有近460万公顷的有机野生采集区域。该地区的野生采集区域主要用于采集野生坚果（超过320万公顷）、野生浆果（超过16.1万公顷）和棕榈芯（超过6万公顷）。该地区拥有最大有机野生采集区面积的国家是巴西（超过170万公顷，主要是野生巴西坚果）、玻利维亚（约150万公顷，主要是野生巴西坚果）、墨西哥（约95.3万公顷，暂无详细信息）和秘鲁（约15.9万公顷，主要是野生巴西坚果）。由于未获得其他多个国家野生采集区域面积的相关信息，因此可以推测该区域有机野生采集区域的总面积要多于当前数据所示的面积。

9 北美洲有机农业现状

9.1 美　国①

2019年，美国有机食品行业再次表现出色，销售额达到551亿美元，比2018年增长5%。根据有机贸易协会2020年有机产业调查的结果，有机食品和有机非食品市场都打破了主要基准。

有机食品销售额达到501亿美元，增长了4.6%。有机非食品销售总额刚刚超过50亿美元，增长了9.2%。两者都轻松超过了食品销售总额和非食品销售总额的市场增长率（前者约为2%，后者为3%）。

2019年，有机水果和蔬菜的销售额增长了近5%，达到180亿美元，因为这类产品仍然是该行业的明星产品。有机农产品占所有有机食品销售额的近1/3，而有机水果和蔬菜，包括新鲜的、冷冻的、罐装的和干制的，占据了美国水果和蔬菜市场15%的份额。

① 本节作者：Barbara Fitch Haumann，为有机贸易协会（总部设在美国华盛顿特区）的资深作家与编辑；翻译：颜梦馨。

尽管2020年的相关数据尚未公布，但新冠肺炎疫情已对有机食品行业产生了重大影响。在消费者寻求健康和洁净的烹饪食材时，有机食品成为了家庭消费的选择。自2020年3月以来，为应对餐馆关闭这种情况，消费者长时间在家用餐，因此新鲜有机农产品的需求大幅增长。事实上，有机农产品网络在其分析中预测，2020年新鲜农产品的销售将以两位数的速度增长。

一些消费增长较慢的产品也突然出现了惊人的需求。据SPINS的数据统计，耐储藏的有机烘焙混合材料和面粉的销量在夏季增长了46%，同时有机冷冻食品的销量也上升了24%。数据还显示，2019年有机烘焙食品的需求增长了6.9%，同时有机冷冻食品保持着7%左右的增长率。

在这种情况下，食品企业面临了巨大的挑战。但是，有机供应链中的企业不断地调整行为和方法，例如，保持食品储藏室和冷冻库的库存，向他们所管辖的社区进行捐赠，转变商业模式以生产必需的供应品，更新工作流程以保护员工，提高员工福利，并采取创新的措施以满足需求。

9.1.1 更多农民种植有机作物

美国农业部国家农业统计局（NASS）在10月发布了2019年有机调查，统计了16 585个经过认证的有机农场，比2016年的14 271家增加了17%。这些农场的作业面积为550万英亩（220万公顷），比2016年增加了9%。

美国农场有机产品的总销售额达到99.3亿美元，比2016年NASS的调查结果增加了23.7亿美元。加利福尼亚州有机农场的销售继续领先全国，紧随其后的是华盛顿、宾夕法尼亚州、俄勒冈州和得克萨斯州。

近3 000家有机农场通过农场摊位和农贸市场等方式直接向消费者销售。同时，大约有3 200家农场直接向零售市场销售，其中，超过1 300家农场销售增值产品，例如葡萄酒、果酱和奶酪。

此外，1 857个农场正在将255 060英亩（103 263公顷）的土地转换为有机认证的土地，同时，有710个农场称，虽然他们还没有取得有机认证，但正在努力将约60 600英亩（24 524公顷）的土地转换为有机认证的土地。

9.1.2 全球贸易

由美国有机贸易协会监督并由美国农业部资助的美国国际有机项目在2020年从两

个贸易展览中获得了1 670万美元的预期销售额，其中包括天然产品博览会西部会议和虚拟贸易活动。有31家公司参加了在欧洲、亚洲和阿联酋举行的活动。此外，该项目还在日本、韩国和阿联酋开展了新的促销活动。

在新冠肺炎疫情前，14家公司在德国纽伦堡2020 Biofach有机产品博览会上展出了谷物和面粉、功能饮料、坚果和婴儿食品。有机贸易协会也参加了Biofach大会，参加了6个小组和研讨会，并进一步加强了与欧洲伙伴的联系。该项目还在阿联酋迪拜的Gulfood首次展出，食品配料和有机零食展示了强大的市场潜力。由于新冠肺炎疫情蔓延，全球经济开始陷入停滞，该项目的西部博览会努力安排了几场买家和当地供应商的会议。

在疫情期间，该项目在2020年9月举行了两个虚拟贸易活动：一个是与来自亚洲各地的买家进行农产品贸易，另一个是与来自亚洲、欧洲和阿联酋的买家进行加工产品贸易。有100余场线上一对一的视频会议举行，预计销售额超过210万美元。这是首次举行线上虚拟会议的巨大成功，有17家美国供应商和15家外国买家参与此次会议。

9.1.3 有机欺诈防范

2020年，美国有机企业获得了有机贸易协会（Organic Trade Association）提供的有机欺诈预防解决方案，以及美国农业部（USDA）提供的打击欺诈培训计划。

为满足有机供应链的独特需求，有机欺诈预防解决方案基于买方责任和供应商验证，参与的公司将获得一个全面的有机欺诈预防指南，并参加一个名为“开发和实施有机欺诈预防计划”的在线培训课程。

美国农业部增加了两门免费在线课程：“预防有机欺诈机会”和“有机欺诈与犯罪心理”。这两门课程都是通过其有机学习中心提供的，是为有机产品检查员和认证机构设计的，对行业协会打击欺诈项目进行补充。

9.1.4 加强执法

在2020年，美国农业部的国家有机计划（NOP）公布了其加强有机执行和监督的建议规则，以支持有机市场的持续增长，并加大对供应链关键环节的监督力度。它旨在填补现有法规的空白，建立一致的认证实践，以发现并阻止有机欺诈，提高有机产品在整个供应链中的透明度和可追溯性，并保护有机产品的完整性。

这是自2002年美国有机标准生效以来最大的单一规则制定。2018年的《农业法案》批准了这项工作的费用支出，包括让NOP投资于技术系统，以提高国际有机贸易交易的现代化和跟踪系统，防止欺诈，并要求提供电子有机进口证书，以确保有机产品的完全可追溯性。在其他条款中，经认证的经营者将被要求维持一项防止欺诈的计划。

美国农业部估计，至少有1 922名美国加工者尚需获得认证，该规定将影响26 408名美国加工者，18 352名海外加工者和260万种植者的认证操作。现在的重点是迅速制定最终规则，希望能在2021年上半年提供支持和资源以确保成功实施。

与此同时，该部门通过有机贸易协会主导的一场关于倡导家畜原产地的最终规则的诉讼，继续推动动物福利标准。

动物福利：促使这场法律战的原因是美国农业部一再拒绝对一项经过审查的有机家畜和家禽实践最终规则采取行动，并随后撤回了该规则，该规则旨在改善家畜的生活条件和福利水平。在这过程中，美国农业部没有遵循国会制定的1990年《有机食品生产法》所确立的公共/私有规则制定程序。针对美国农业部的诉讼是在2017年提起的。这个案子对所有有机食品的利益相关者都很重要，因为美国农业部拒绝遵循制定有机食品法规的程序，如果联邦司法机构不予以纠正，可能会在数年内产生负面影响。2020年年底，该法院批准了该行业协会的请求，新的时间表允许在2021年2—5月恢复申请。

家畜的来源：美国有机界长期以来一直主张制定一项关于家畜来源的最终规则。2015年，一项拟议的牲畜来源规则被发布，明确生产者只有在将传统牲畜转变为有机牲畜时，才可以将非有机牛奶转变为有机牛奶生产。一旦有机转换完成，生产者不允许将任何额外的动物转换到有机生产中。所有加入操作的奶牛必须在妊娠期的最后1/3时段接受有机管理，或者是这些牛来自另一个有认证的有机牧场。美国农业部于2019年10月重启了对该提议的评论。虽然对于这项提议规则有压倒性的共识和支持，但是美国农业部仍然没有公布最终规则，尽管国会2020财政年度拨款法案要求该部门在2020年6月30日前公布最终规则。在2020年10月，NOP宣布其打算重写并发布另一项拟议规则，而不是继续推行最终规则。这遭到了有机贸易协会的反对，该协会指出，美国农业部不采取行动解决认证机构在执行家畜原产地法规方面长期存在的不一致，这加剧了奶农在不公平竞争环境中的经济劣势，并威胁到有机部门的完整性。

9.1.5 展望未来

美国的有机产业有许多优先发展的项目。最重要的是让有机食品在气候变化的讨论中占有一席之地。

2020年，有机食品行业协会董事会成立了气候工作组，制定指导有机食品参与气候政策讨论的规则事项。在有机贸易协会2020年6月的年度会议上，其董事会一致通过了气候政策的十项原则。

在监管方面，有机利益相关方迫切希望恢复《有机畜禽生产规范》的决议，并仍在寻求发布关于家畜原产地的最终规则。

有机食品部门也要求制定一项临时的最终规定，包括美国农业部十多年来建议却没有实施的积压标准。此外，它正在等待通过加强有机法规的实施来制订新标准框架。

随着政府管理机构的变化，有机贸易协会呼吁在美国农业部内恢复有机和可持续农业政策顾问的角色，在美国农业部的研究计划中采取步骤促进有机农业的发展，并将有机食品纳入联邦营养和采购计划。另一个优先事项是恢复政府对有机认证费用的全额资助。

有机贸易协会正在实施“人人有机——多样性和企业家精神”的目标，以促进多样性和包容性。这项运动将评估在有机运动中建立一个专注于多样性和企业家精神的产业基础的价值。

在美国的食品杂货店里，你可以买到几乎所有种类的有机食品，而超过82%的美国家庭的厨房里都有有机食品。这种信任来自消费者对美国农业部有机印章真实性的信任。严格的标准加强了人们对产品的信任，即带有美国农业部有机标签的产品是符合高质量标准的，并具备强有力的监督和执行。“从农场到餐桌”的有机认证过程的完整性是有机产业的命脉，这将仍然是美国有机部门的优先工作。

9.2 加拿大[①]

9.2.1 促进全球贸易

2019年，由加拿大有机贸易协会监督、加拿大农业与农业食品协会资助的国际有机项目取得了成功，此项目在6个国家开展了10项国际活动。有45家美国公司参加了国际贸易展览和贸易代表团。仅在2019年，加拿大有机贸易协会开展的国际活动中，有机产品出口销售额就预计超过1 500万加元（约1 000万欧元）。这些活动对于开放和保持加拿大有机产品在全球的市场准入至关重要。活动覆盖范围包括亚洲、欧洲、拉丁美洲和北美洲，这些地区对于有机谷物、零食、坚果和预包装食品的需求有所增加。

① 本节作者：Tia Loftsgard，为加拿大有机贸易协会（COTA）执行董事；翻译：颜梦馨。

9.2.2 获得认证的有机农场和加工商数量显著增加

2011—2016年，尽管非有机农场的数量大幅下降，但加拿大有机产业每年仍吸引着大量的新农场加入。2019年，获得有机认证的企业达到7 432家，比前一年增长5%，比2015年增长48%。这种年复一年的持续增长反映了消费者对有机食品需求的增加。2019年，获得认证的有机生产商达到5 677家，比2018年增长4%，比2015年增长43%。2018—2019年，有机种植面积从330万英亩（130万公顷）增加到340万英亩（140万公顷，包含野生采集），有机种植面积占加拿大农业用地总面积的2.2%。

2018—2019年，加拿大有机食品加工者和制造企业的数量从1 717家小幅下降至1 710家。然而，2015—2019年，这一数字增长了11%。2020年，加拿大有机加工食品和饮料的销售额预计为32.1亿加元（约21.6亿欧元），较2019年增长了9%。由于对有机加工产品需求的惊人增长，基于2018年和往年收集的数据，COTA于2019年9月发布了加拿大有机食品加工报告。根据这份研究报告，近年来引入加拿大市场的有机加工食品和饮料产品的数量一直在不断增加，93%的受访者报告称销售额同比增长超过5%，同时13%受访者报告称增长超过50%。

9.2.3 市场增长

有机食品市场和非有机食品市场均创下新纪录。2020年，加拿大的有机食品和非食品市场预估已经达到了69.3亿加元（约47亿欧元），年复合增长率为8.7%。2019年，主流零售商销售的有机食品和饮料的市场份额从2.6%增长到3.2%。虽然对国际贸易的跟踪仅限于加拿大的统一销售代码，而且范围有限，但贸易仍在继续增长。2019年，加拿大经认证的有机产品出口达到4.609亿加元（约3.1亿欧元），同年进口达到7.89亿加元（约5.31亿欧元）。

9.2.4 加拿大从事有机工作的劳动力

根据2016年农业普查，加拿大2.35%的劳动力从事有机工作，而2011年这一比例为2%。31%从事有机工作的劳动力是女性，与2011年的34%相比有所下降。2016年的普查确定了劳动力需求，主要是有机农场主非常依赖家庭劳动力（这一比例为58%，而传统农业为41%），同时仍然需要两倍的外部劳动力资源（每个农场3名员工，而传统农业为1名员工）2016年的数据还显示，有机农场劳动力的收入比平均收入高出11%，较2011年的4%有显著增长。

9.2.5 国家有机生产绩效报告

2019年，COTA发布了第三份国家有机生产绩效报告，概述了联邦、省和地区辖区对有机生产部门的最新支持形式，并向各级政府提供了一套广泛的总结建议。根据这份报告可以看出，省、地区和联邦政府的支持方面进展甚微。虽然消费者对加拿大有机制度有很大的信心，对加拿大有机标志的认可也在不断增加，但由于缺乏省/地区一级的综合规划援助，使各省对省内实施的贸易标准的反应未达成一致。联邦政府还需要提供关于生产、进口、出口和消费的更可靠、更全面的数据，这些数据对于政府在制定与气候变化相关的目标上做出良好决策至关重要。加拿大有机贸易协会将继续努力与加拿大农业部、加拿大农业与食品协会进行战略合作，推动将有机农业和贸易结合起来的联邦合作战略。

9.3 北美洲有机农业数据①

9.3.1 概　述

2019年，北美洲的有机农业用地约为360万公顷（图9-1），占该地区农业用地总面积的0.8%。有机种植面积较2000年增加了2倍多，占全球有机农业用地的5%。2018—2019年，该面积增加了近30.5万公顷，增幅达9%。2019年，加拿大的有机农地面积占有率超过2%，美国为0.6%（图9-2）。北美洲共有22 153名生产商，大部分来自美国（74%）。

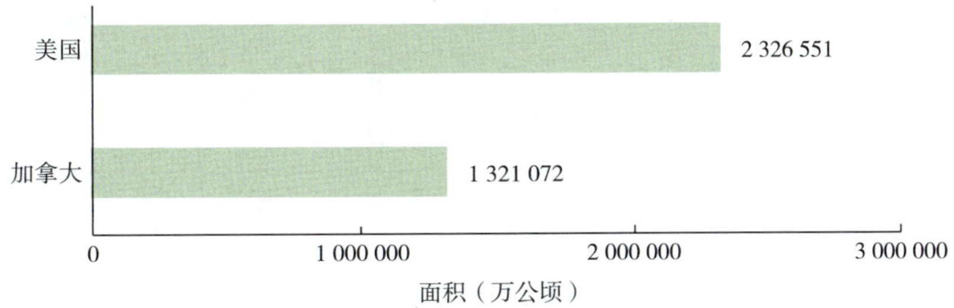

图9-1　2019年美国和加拿大有机农地面积

（数据来源：2021年COTA和USDA）

① 本节作者：Claudia Meier、Bernhard Schlatter、Olivia Keller和Jan Trávníček；翻译：颜梦馨；作图：赵惠娟。

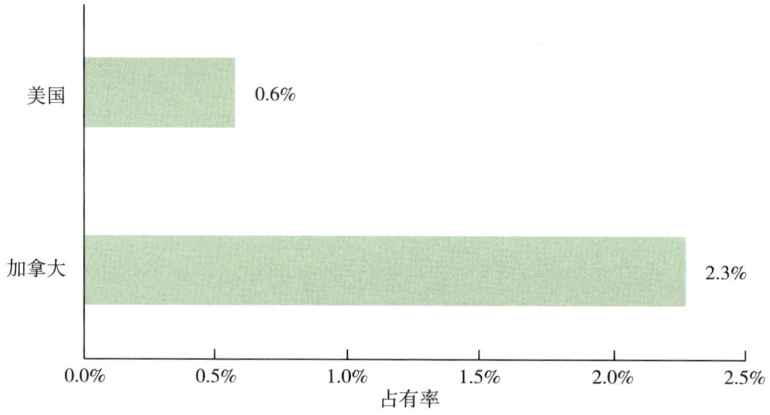

图9-2 2019年美国和加拿大有机农地占有率

（数据来源：2021年COTA和USDA）

9.3.2 土地使用

2000—2019年北美洲有机农地发展情况见图9-3。北美洲84%的有机农业用地都有详细的土地使用情况（图9-4）。2019年，只有2%的有机农地用于种植多年生作物（超过8.4万公顷），36%用于种植季节性作物（超过130万公顷），46%（近170万公顷）用于草场/牧区。美国有超过81.2万公顷的有机草场/牧区，加拿大有近85.8万公顷。

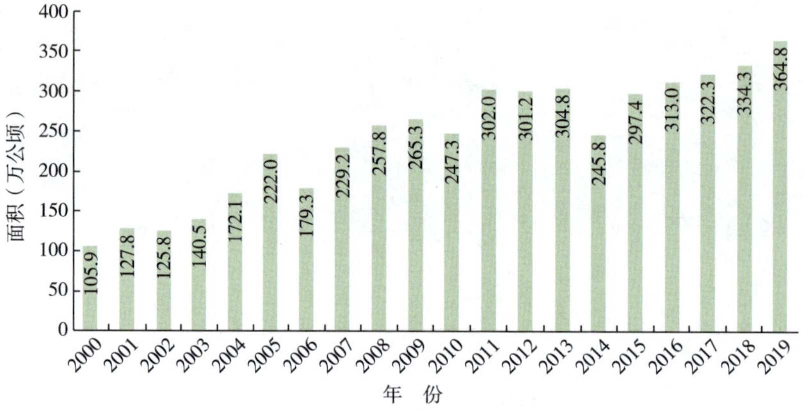

图9-3 2000—2019年北美洲有机农地发展情况

（数据来源：2021年COTA和USDA）

北美洲主要的有机季节性作物是谷物，面积超过58.2万公顷，占该地区有机谷物种植总面积的0.8%，占世界有机谷物种植总面积的11%。美国种植了超过29万公顷的有机谷物，加拿大为29.2万公顷。该地区主要的有机谷物是小麦（超过21.9万公顷），占该地区小麦种植总面积的0.8%。北美洲其他重要的有机季节性作物分别是青饲料（超过35.3万公顷）、油料作物（近13.8万公顷）和干豆类作物（近10.5万公顷）。

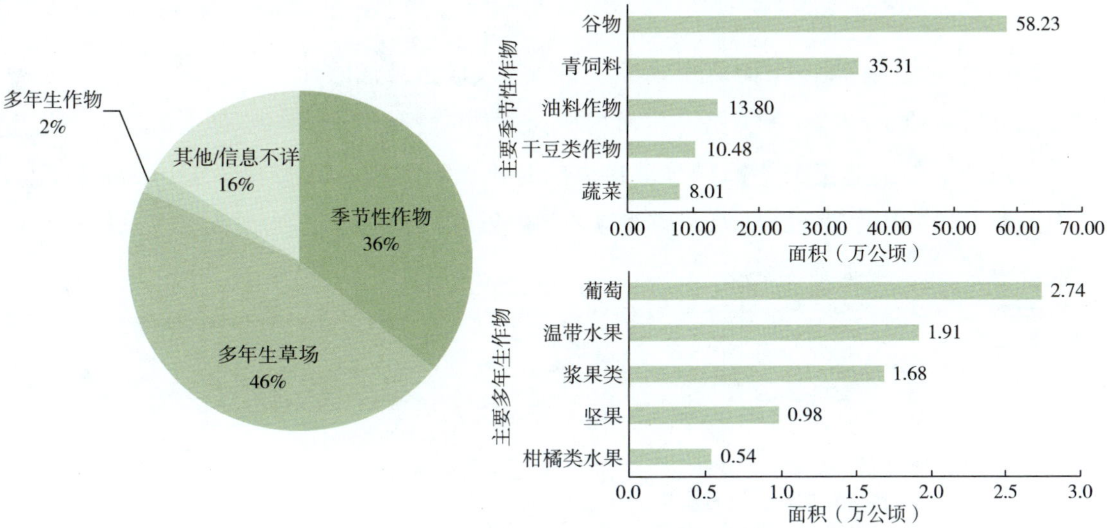

图9-4 2019年北美洲有机农地用途和作物信息

（数据来源：2021年COTA和USDA）

北美洲主要的有机多年生作物是葡萄（超过2.7万公顷）、温带水果（超过1.9万公顷）和浆果（近1.7万公顷）。有机温带水果种植面积占该地区温带水果种植总面积的7%。主要的温带有机水果是苹果、梨和桃。主要的有机浆果是蓝莓（约1.3万公顷，占该地区蓝莓种植总面积的16.8%）和蔓越莓（超过2 000公顷，占该地区蔓越莓种植总面积的9.6%）。

9.3.3 生产者

2019年，北美洲有22 153名有机生产者。美国是拥有有机生产者最多的国家，超过1.6万名，加拿大有将近5 700名有机生产者，二者合计与2004年约1.1万名有机生产者相比翻了一番。

9.3.4 野生采集

2019年，美国报告有近600公顷的有机野生蓝莓。遗憾的是，我们没有获得更多关于美国有机野生采集的数据。同年，加拿大报告有超过2.4万公顷的有机野生采集面积，但没有提供详细信息。

9.3.5 市　场

2019年，北美洲有机市场持续增长，贸易额超过482亿欧元。自2018年以来，加拿大有机市场增长了近12%，美国有机市场增长了10%。美国是世界上最大的单一有机市场，在地区层面上北美洲依旧是全球最大的有机市场区域。2019年，美国的有机产品人均消费为136欧元，而加拿大人均消费约为93欧元。2019年，加拿大零售总额中有机销售份额为3%，美国则为6%。

10 大洋洲有机农业现状①

10.1 概　述

2019年，大洋洲有机农业用地面积将近3 590万公顷，占该地区农地总面积的9.6%。世界上有一半的有机农业用地位于大洋洲。自2000年以来，大洋洲有机生产面积增加了近7倍（530万公顷）。2018—2019年，大洋洲的有机农地面积减少了11.8万公顷，降幅达0.3%。这主要是由于萨摩亚（减少了约5.7万公顷，降幅达58%）、巴布亚新几内亚（减少了近2.5万公顷，降幅达50%）、斐济（减少了约1.9万公顷，降幅达45%）和瓦努阿图（减少了超过1.7万公顷，降幅达67%）的有机农业面积减少。大洋洲有机农业用地面积最大的国家是澳大利亚，面积为3 570万公顷（图10-1）。萨摩亚是有机农业用地占比最高的国家，有机耕种面积占总耕地面积的14.5%，其次是澳大利亚，占比为9.9%（图10-2）。1999—2019年大洋洲有机农地发展情况见图10-3。

---

① 本章作者：Claudia Meier、Bernhard Schlatter、Olivia Keller和Jan Trávníček；翻译：张锐；作图：赵惠娟。

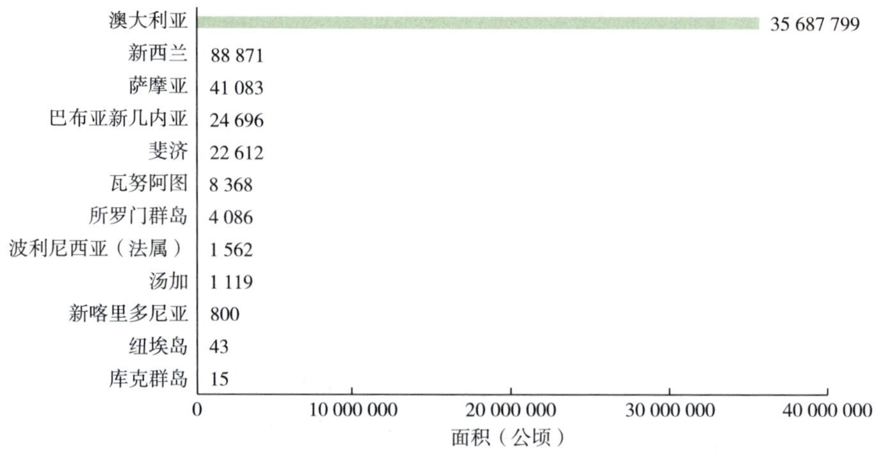

图10-1　2019年大洋洲国家/地区有机农地面积

（数据来源：2021年FiBL调查）

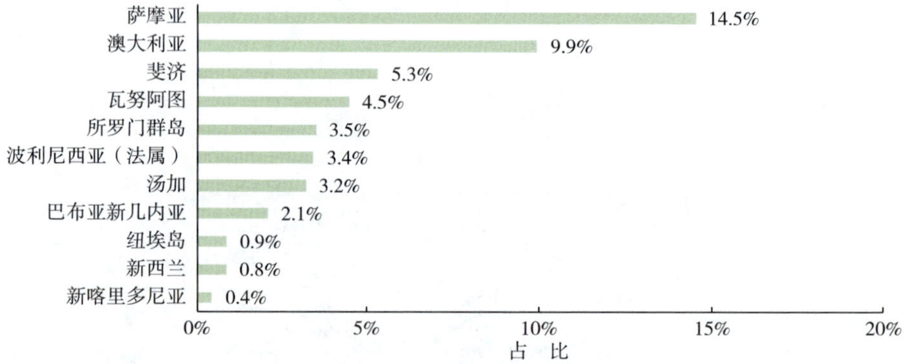

图10-2　2019年大洋洲国家/地区有机农地占比

（数据来源：2021年FiBL调查）

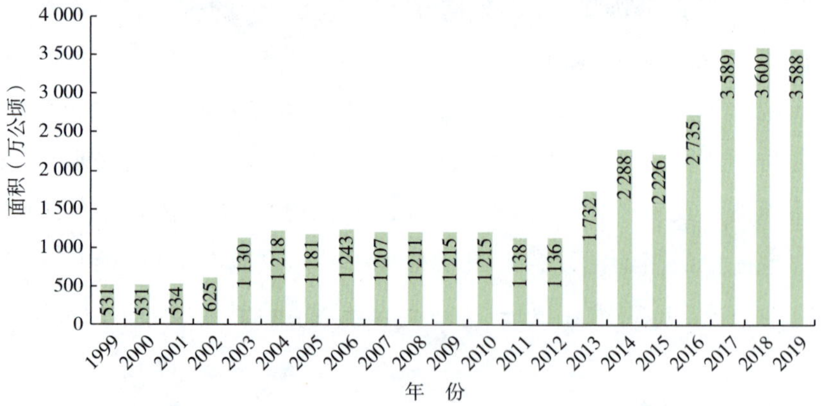

图10-3　1999—2019年大洋洲有机农地发展情况

（数据来源：2001—2021年FiBL-IFOAM-SOEL调查）

10.2 土地使用

2019年，大洋洲有机农地中有97%为草场/牧区（3 470万公顷），主要分布在澳大利亚（3 460万公顷），新西兰占有很小的份额（超过6.4万公顷）。在大约10.3万公顷的有机多年生作物中，椰子占比最大（超过5.9万公顷，主要分布在萨摩亚），其次是咖啡（近1.1万公顷，全部分布在巴布亚新几内亚），以及葡萄（近8 000公顷，主要分布在澳大利亚）。有机多年生作物在这个地区发挥着重要作用。椰子在该地区的有机份额为12%，咖啡为20%，葡萄为4%，茶叶为12%（487公顷）。2019年，世界上大约20%的有机椰子种植区都在大洋洲。有机季节性作物种植面积超过4.5万公顷。主要的有机季节性作物是谷物，超过4.1万公顷（仅在澳大利亚），占该地区全部谷物种植面积的0.2%和世界有机谷物种植面积的0.8%。

10.3 生产者

该地区有超过1.8万名有机生产者，主要集中在巴布亚新几内亚（超过1.2万名生产者）、萨摩亚（近2 000名生产者）和澳大利亚（近2 000名生产者）。自2006年以来，越来越多的国家提供了相关数据，这使得大洋洲统计的生产者数量不止翻了一倍。

10.4 市　场

2018年，该地区的有机市场销售额总值接近14亿欧元（撰写本书时，尚无新数据）。澳大利亚报告的有机市场销售额为12亿欧元，新西兰的有机市场销售额为1.55亿欧元。目前，我们尚未获得大洋洲其他国家的相关拿数据。另外，澳大利亚的年人均有机消费额为49欧元，新西兰则为33欧元。

11 全球有机展望——建立恢复力①

11.1 面临的挑战

毫无疑问，2020年将会因为新冠肺炎的全球大流行而被铭记。并且，当本书在2021年出版时，疫情一定还未结束，它的影响很可能会持续得更久。这场危机让我们停下来反思，也向我们展示了全球食品系统的脆弱性。有一个结论是我们需要面对的：工业化的农业发展首先造成了野生动物栖息地的丧失，为病毒的出现和传播创造了条件。世界上还有数百万人生活在饥饿、营养不良和极度贫困中，在这里只能得出一个结论：我们必须现在就过渡到可持续的食物体系，而不是在遥远的未来。

农业和食品行业的转型是有机行业数十年来一直在塑造和实践的目标。我们很高兴在这些方面积累了很多经验，我们也很愿意与他人分享这些经验。我们在健康、生态、公平和关爱的原则下指导和塑造我们对实现真正可持续发展世界的愿景。从事有机生产的农民们所采用的这些良好乃至最佳的做法，已经在为地球的可持续未来做出贡

① 本章作者：Louise Luttikholt；翻译：姚韫喆。

献了。对于如何才能成为“有机”，有合法的标准以及正式或非正式的验证方式。有机的积极影响远远超出了正式法规，有机的启发，也超出了这个行业本身。即便是采用单一的措施，有机实践和农业生态实践也都得到了广泛的研究和推广，所有的贡献都很重要。

人们越来越意识到需要珍视我们共享的这个生存环境、生物多样性和地球本身。简而言之，农业在实现可持续发展目标中的作用是显而易见的。我们观察到，政府对食物体系转型的兴趣日益浓厚，这可以为全球公共利益做出贡献。只有政府确保政策与可持续发展目标保持一致，农业才能成为解决方案的一部分，而不是问题的一部分。

11.2 IFOAM国际有机联盟的坚持与努力

作为以会员制度为基础的组织，IFOAM国际有机联盟的任务是以此为契机，直接影响世界各地的政府政策和法规。我们还通过在食品政策变革论坛中召集各国高层决策者来为他们提供信息和指导。令人感到鼓舞的是，越来越多的市民主导的食品委员会在各地影响其市政当局，以确保其当地食物体系变得更有弹性。

确实，新冠疫情揭示了所有生物皆彼此联系。“同一健康”的概念表达了我们在“同一个地球”中的相互依存的关系和脆弱的平衡。我们都知道，优质、营养丰富的食品可以增强我们的个体适应能力，而在新冠疫情时代，好的食物几乎被视为药物。有机农业可以通过降低农药含量、回归自然时令以及关注距离临近性而为改善环境做出贡献。我们将在2021年了解到，联合国粮食系统峰会这个被认为是高水平的、具有包容性、“采取大胆的新行动来改变世界生产和消费食品方式”的活动，是否会重视时代的这些信号。

IFOAM国际有机联盟将继续采取公开施压的方式，因为坚持就会有回报。全球运动“I Grow Your Food”将在2021年第三次展开。这个活动将邀请每一位从事有机和生态农业的农民来分享他们关于有机生产的动机、实践和想传达的信息。我们希望可以听到他们的声音并向他们学习，也希望可以给予他们应得的尊重。我们很荣幸可以和合作伙伴共同去完成这件事，特别是那些聚集在“国际有机农民组织网络（INOFO）”中的有机农民，该组织在过去几年中积累了强大的力量。

受新冠疫情的影响，许多活动被推迟和重新规划了，世界有机大会也不例外。它将于2021年9月7—9日举行，会议地点依旧是法国雷恩。衷心希望我们能在那时再次亲身前往大会，同时，也希望所有人平安、健康。

12 中国有机产品的发展概况①

2006年9月，由国家认证认可监督管理委员会（以下简称国家认监委）开发的中国食品农产品认证信息系统正式运行，并利用其作为食品农产品认证信息采集、发布的平台，该信息系统运行以来得到了广泛关注，相关执法部门、境内外食品农产品采购商和获证企业都已将该信息系统作为主要的信息来源，中国主要是通过有机认证制度对有机生产企业进行管理和监督，由获得国家认监委批准的认证机构对生产企业进行有机产品认证，并将获得认证的有机产品信息上报到中国食品农产品认证信息系统。本章中的大部分数据来自《中国有机产品认证与有机产业发展2020》。

12.1 有机产品认证

截至2019年12月31日，共有13 813家生产企业获得了中国标准的有机产品认证证书21 746张，比上一年度增长12.3%，以初级产品为主，其次是加工类，畜禽和水产类产

① 本章作者为乔玉辉和张友廷，由于《2021年世界有机农业概况与趋势预测》英文原著中对中国有机农业部分介绍不够详尽，为方便读者比较研究国内外有机概况，故对中国有机产品的发展概况进行了增补。

品证书偏少（图12-1）。

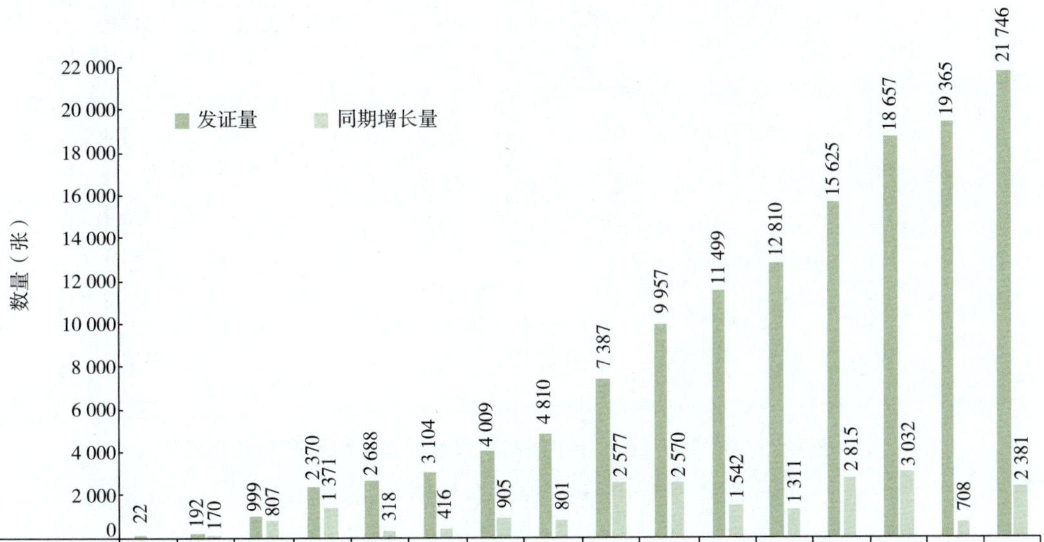

年份	2004	2005	2006	2007	2008	2009	2010	2011	2012	2013	2014	2015	2016	2017	2018	2019
发证量（张）	22	192	999	2 370	2 688	3 104	4 009	4 810	7 387	9 957	11 499	12 810	15 625	18 657	19 365	21 746
同期增长量（张）		170	807	1 371	318	416	905	801	2 577	2 570	1 542	1 311	2 815	3 032	708	2 381

图12-1　2004—2019年中国有机产品认证证书

12.2　有机生产者

过去一直没有对中国有机生产者人数的准确统计，因此有人简单将认证企业数等同于生产者人数，不到20 000个。实际上仅仅按种植业来算，根据青贮饲料、谷物、豆类与油料、水果与坚果、蔬菜等不同类别的有机种植面积，以及相应的人工数量可以估算出大概有196万名生产者，再加上养殖以及加工环节的人数，中国的有机生产者人数预计在200万名左右，仅占中国人口总数的0.14%。

12.3　有机种植

截至2019年12月31日，按照中国有机产品标准进行生产的有机作物种植面积为220.2万公顷（不含野生采集，仅占农用地的0.6%，占耕地面积的1.6%），比2018年降低了29.5%，2019年，作物的产量为1 245.1万吨，比上一年度减少了4.2%（图12-2）；野生采集总生产面积为155万公顷，野生采集总产量为32.1万吨。

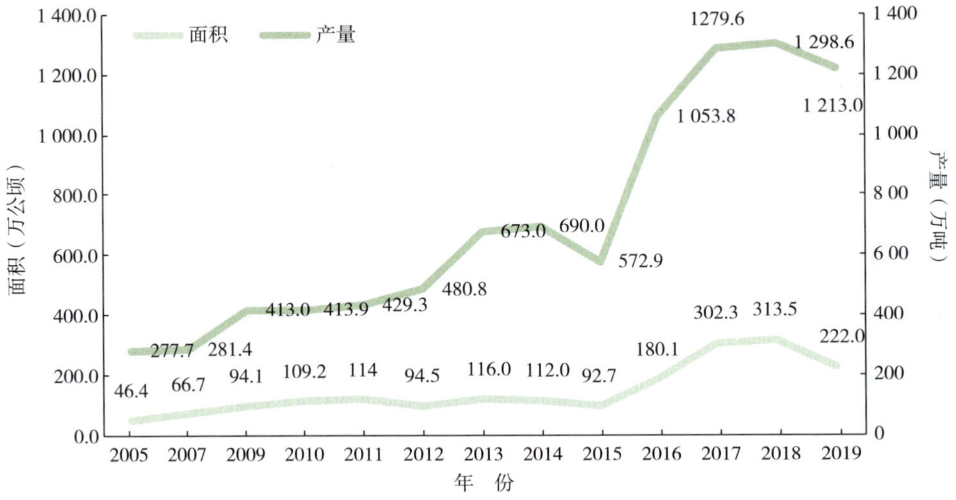

图12-2　2005—2019年中国有机作物种植面积及产量变化趋势

12.4　有机养殖

2019年有机畜禽的证书发放量为953张，其中有机证书794张（83.2%），转换期证书159张。有机牛认证证书最多，为187张，其次是鸡（168张）、羊（166张）、猪（123张）和其他动物（55张）。2019年按照有机产品国家标准生产的畜禽中，有机羊近397万只，有机牛近84万头，有机猪近12万头，有机鸡近134万只。从产量上来看，2019年有机畜禽的总产量为91.9万吨，其中有机牛的产量为42.1万吨，有机羊的产量为25.2万吨，有机猪的产量为1.2万吨，有机鸡的产量0.7万吨，此外还有马、驴、鸭和鹅等动物，但其总生产量所占的比例较小。2019年有机动物产品的生产总量为202.9万吨，其中有机牛乳是主要的动物产品，产量为199.6万吨，占有机动物产品总产量的98.4%（图12-3）。

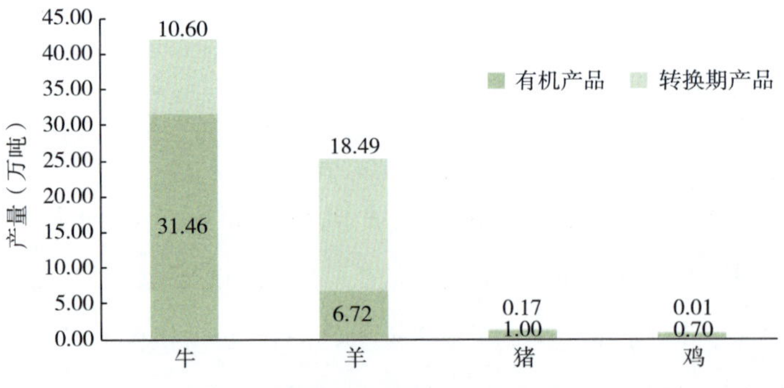

图12-3　2019年中国有机畜禽生产状况

12.5 有机加工产品

2019年5 120家企业获得了5 361张加工产品有机证书，其中谷物磨制品获证数最多，达2 040张。2019年加工的有机产品总产量为550.64万吨，谷物磨制品、饮料和经处理的液体奶或奶油的加工量位列前三，占有机加工产品产量的44.89%（图12-4）。

有机加工产品主要分布在东北、华北地区，位于前五位的省（区）分别是黑龙江、内蒙古、辽宁、贵州和山东，这5个省（区）的产量之和为222.64万吨，占总产量的59.18%。

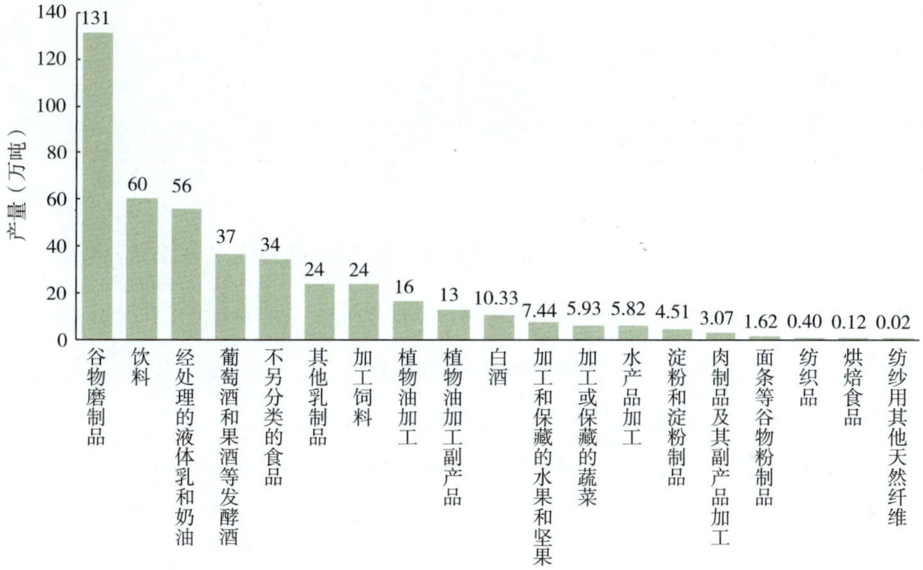

图12-4　2019年中国有机加工产品生产情况

12.6 境外按中国标准认证情况

随着经济的发展，中国市场对有机产品的需求量不断增加，越来越多的外国的企业想要把他们生产的有机产品出口到中国，使得中国有机产品境外认证规模在不断扩大。2013—2017年，中国每年都有10家认证机构进行境外认证，2018年增加到15家，2019年保持在15家认证机构的水平，2019年境外有220个企业获得了410张中国有机标准的认证证书（图12-5）。

2019年在欧洲进行中国标准有机认证的国家包括意大利、西班牙等13个国家，在亚洲地区进行中国标准有机认证的有韩国、菲律宾等11个国家，在南美洲进行中国标准有机认证的有巴西等6个国家，而在非洲的颁发证书数及获证企业数一直处于较低水平，2019年颁发的证书仅有7张。在认证的有机产品中，制糖植物和经处理的液体乳或奶油的认证产量近三年一直稳居前三。

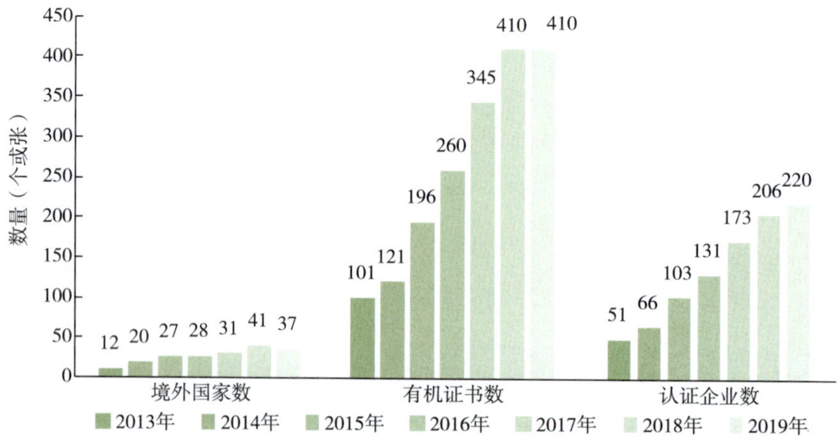

图12-5　2013—2019年境外认证中国标准有机产品的国家、证书及企业数量

自2014年以来，在境外各国的认证面积不断扩大。2019年中国有机产品境外认证总面积达到了80.6万公顷（含牧场面积46.5万公顷，野生采集面积21.5万公顷），比2018年增加了6.1%。其中澳大利亚认证面积达到28.8万公顷（35.7%），其次是意大利22.1万公顷（27.4%）、德国10.5万公顷（13.0%）、丹麦6.6万公顷和巴西4.7万公顷（图12-6）。

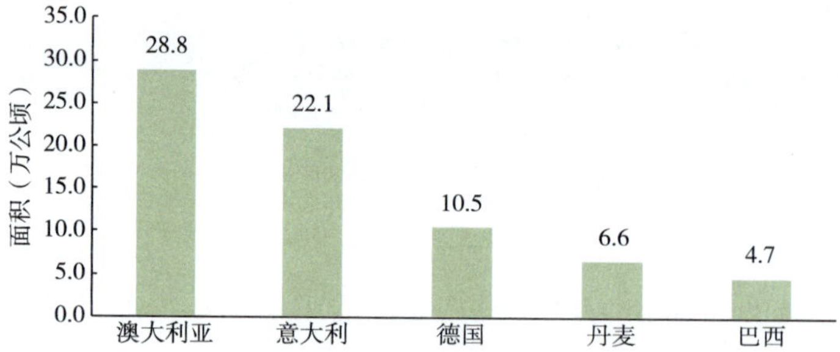

图12-6　2019年境外认证中国标准有机生产面积位于前五位的国家

2015—2019年在境外认证的种植类作物主要包括谷物、蔬菜、水果、豆类及其他油料作物、制糖植物、茶和其他类植物7种类别，认证产品种类从2014年的48种增长到2019年的83种，基本呈现稳定增长水平，证书累积发放量达到了485张（累积发放量高于实际发证数量，因为一张证书上会有多种产品），2019年加工产品种类有所增加，水果类产品的种类也增加了5种。

12.7 中国境内按国外有机标准认证情况

2019年中国境内按照国外标准颁发的有机证书数量总计2 463张，企业数为1 506家，不同的境外标准认证颁发的证书数及认证的企业数见图12-7。按照欧盟标准颁发的证书数最多，总计为1 210张，其次为美国标准（960张）、日本标准（177张）、加拿大标准（86张）和其他标准（30张）。

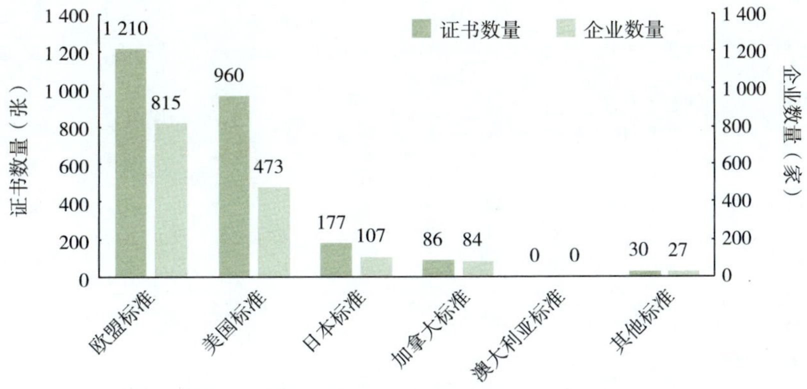

图12-7　2019年按照国外标准认证颁发的证书数及认证的企业数

2019年中国按照国外标准进行认证的产品主要有植物类产品、畜禽类产品、水产品、加工产品和野生采集类产品，2014—2019年，按照国外标准生产的有机产品的认证面积基本上在70万～130万公顷范围，2019年植物有机产品认证面积为111.5万公顷，认证总产量为534.9万吨，产量相比于上一年降低了10.6%（图12-8）。

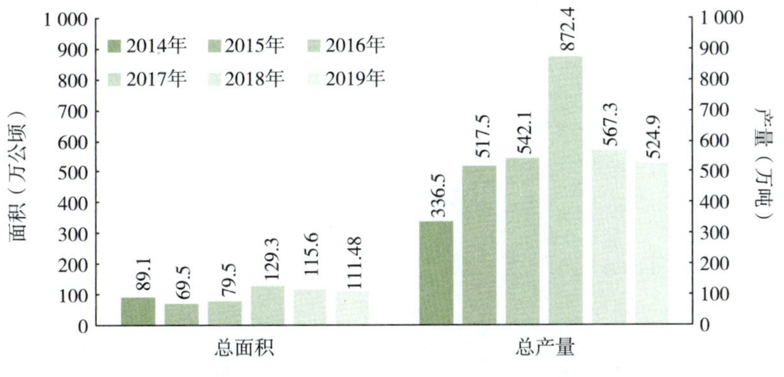

图12-8　2014—2019年按境外标准进行有机产品生产情况

12.8 产值与市场

2019年中国各类有机产品产值总计为1 672亿元，其中有机加工类产品的产值最高，为1 044亿元，占有机产品总产值的62.4%；加工产品中白酒和配制酒产值最高，达568.6亿元，占加工产品产值的54.5%。水果与坚果产值为216亿元，占比12.9%；其次是畜禽类产品，产值为106亿元，占比为6.4%。前三类有机产品的产值占总有机产品产值的79.4%。有机谷物的产值为107亿元，占总产值的6.4%。其余有机产品的产值均在50亿元以下，产值占比均低于3%，其中动物产品、野生采集和青饲料作物的产值占比不到1%（图12-9）。

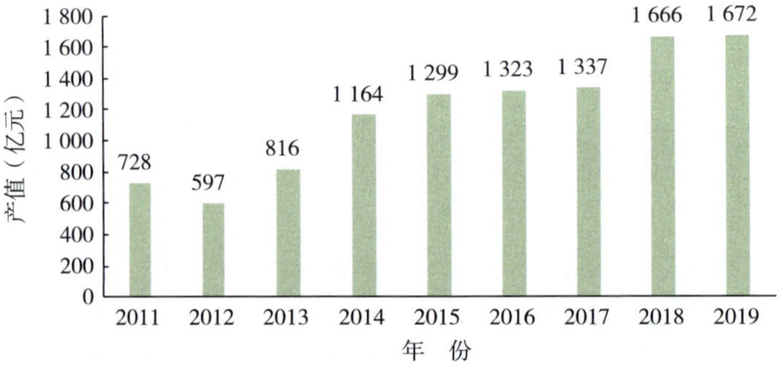

图12-9 2011—2019年中国有机产品产值变化趋势

2012年中国建立了“一品一码”的17位有机码管理制度。获证产品的最小销售包装上必须使用有机码。企业在申请有机标志和有机码时必须详细写明其欲销售的产品名称及产量，并通过认证机构上报到中国食品农产品认证信息系统。总体来看，中国有机产品标志备案数量呈现增加的趋势，2019年中国有机产品标志备案数量为21.2亿枚，相比2018年增加了2.1亿枚（图12-10）。

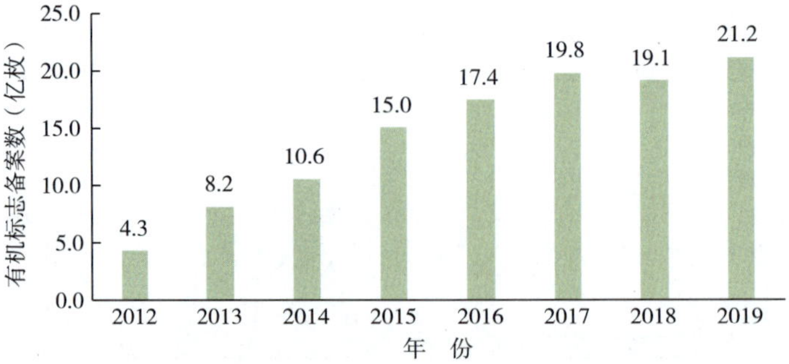

图12-10 2012—2019年中国有机标志备案情况

2019年中国有机标志备案数前十位的有机产品中，灭菌乳标签数量发放最多，达

14.8亿枚，占总有机标志备案数的70%，相比2018年增加了3.4亿枚。白酒的有机标志备案数量为0.67亿枚，相比2018年降低了0.15亿枚。巴氏杀菌乳、乳粉、其他谷物去壳产品和大米的有机标志备案数在0.35亿～0.50亿枚。发酵乳的有机标志备案数为0.25亿枚，红葡萄酒、保藏蔬菜、小米的有机标志备案数分别为0.24亿枚、0.16亿枚和0.15亿枚（图12-11）。

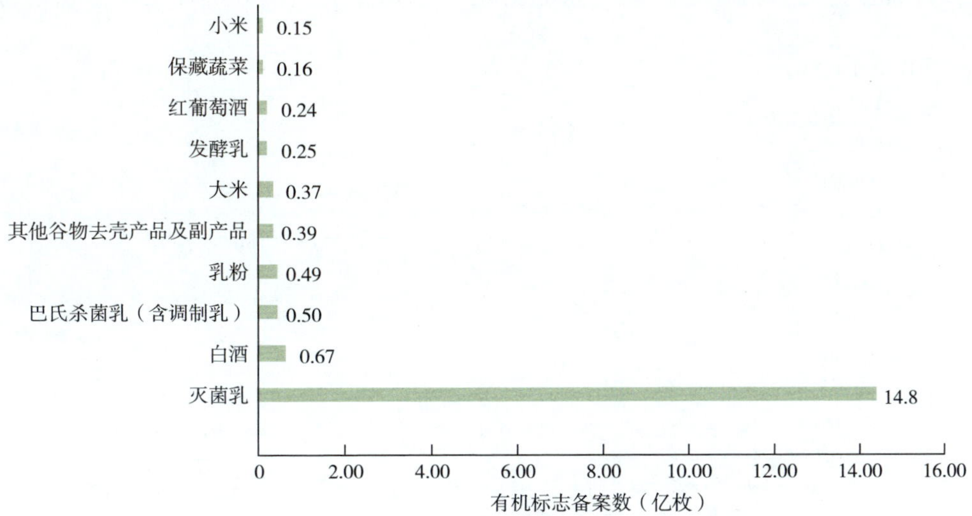

图12-11　2019年中国有机标志备案数前十位的有机产品

2019年中国有机产品估算的销售额为678.2亿元，较2018年增加了46.7亿元。加工产品的销售额为633.7亿元，较2018年增加了64.4亿元，占中国有机产品总销售额的93%；植物类产品销售额为34.3亿元，较2018年增加了10亿元，占比5%；畜禽类产品销售额为4.7亿元，占比1%；水产品的销售额为5.5亿元，占比为1%。图12-12为2015—2019年中国有机产品销售额情况，可以看出2017年后中国有机产品的销售额相对稳定，基本保持在600亿元以上。

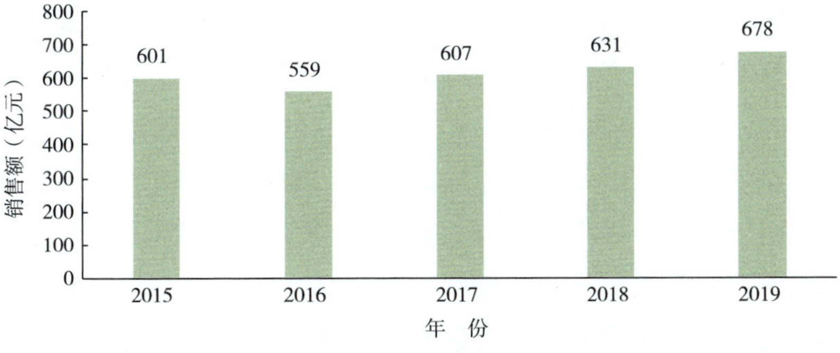

图12-12　2015—2019年中国有机产品销售额

2019年中国有机加工产品的销售额为633.7亿元。图12-13为2019年中国销售额大于1亿元的各类有机加工产品，其中，其他乳制品的销售额最高为184.30亿元，占有机加工产品总销售额的29%；其次是白酒，销售额为128.51亿元，占比20%；排在第三位的是经处理的液体乳或奶油，销售额为110.00亿元，占比17%；谷物磨制品的销售额排在第四位，为65.41亿元，占比10%；葡萄酒和果酒等发酵酒的销售额为52.74亿元，占比8%。该五类的有机加工产品销售额均在50亿元以上，占有机加工产品总销售额的85%。

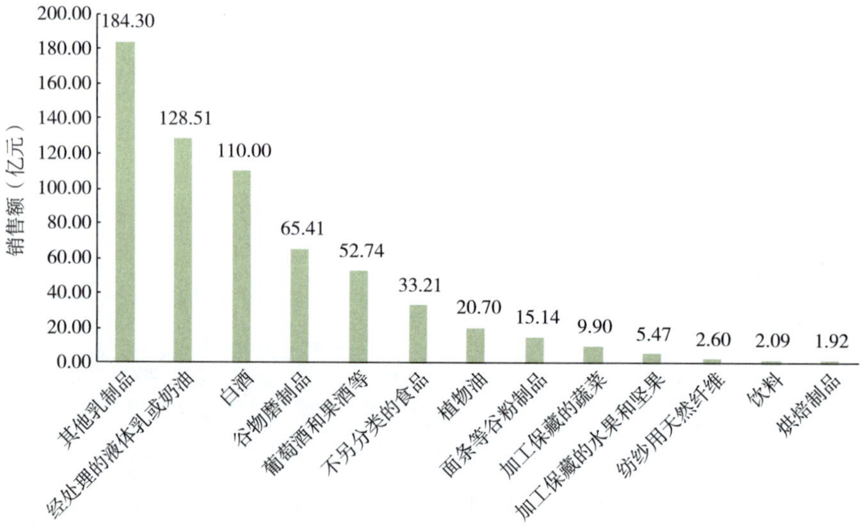

图12-13 2019年中国销售额大于1亿元的各类有机加工产品

12.9 出口贸易

根据南京OFDC、法国ECOCERT、德国BCS、德国CERES、意大利CCPB、日本JONA、巴西IBD、意大利BAC和澳大利亚NASSA和希腊ACERT 10家机构或其分包方上报的数据，2019年中国有机产品总出口贸易额为7.3亿美元，总贸易量为81.0万吨。2019年有机产品出口以加工产品为主，初级农产品的贸易量和贸易额占比较小，但总体差距不大。初级农产品出口贸易量为33.1万吨，初级产品贸易额为2.5亿美元；加工产品的贸易量为47.9万吨，贸易额为4.8亿美元，没有动物产品出口。可以看出2015—2016年中国有机产品出口贸易额逐年增加，但是2016年以后，贸易额呈下降趋势，但贸易量从2016年以来呈上升趋势。这可能与有机产品出口价格的下降有关。与2018年相比，2019年中国有机产品出口贸易总量增加了10.5万吨，贸易总额减少了1.7亿元（图12-14）。

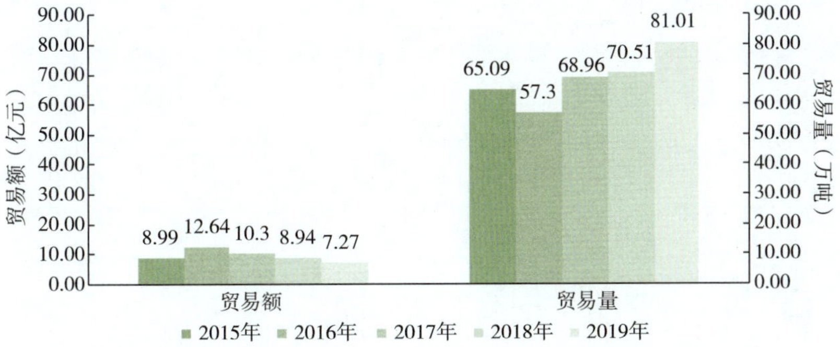

图12-14　2015—2019年中国有机产品出口贸易额与贸易量

12.10　有机产品监督检查

2019年，根据《中华人民共和国认证认可条例》《有机产品认证管理办法》的有关规定，国家市场监管总局对主要电商平台销售的获得有机产品认证的茶叶产品实施了认证有效性抽查，共计抽查40家生产企业的60批次产品。经检查，发现7批次抽样产品被检出有机产品国家标准禁用的物质，不符合有机产品认证的相关要求，不合格检出率为11.7%。有关认证机构依据《有机产品认证管理办法》的规定，对上述7批次被检出有机产品国家标准禁用物质的获证产品做出了撤销有机产品认证证书的处理。

2019年，国家认监委组织开展了自愿性认证“双随机、一公开”监督检查，随机抽取70家认证机构。累计抽取认证档案1 446份，现场检查获证组织215家。通过采取“双随机”抽查方式，检查对象和检查人员全部通过随机抽样产生；利用信息化、大数据等手段聚焦行业问题；发挥执法检查人员和行业专家双重优势，确保检查过程的合法合规、专业和深入，进而对认证机构进行监督。通过自愿性认证“双随机、一公开”监督检查，不仅规范了整个认证市场，也对有机认证机构及企业起到了很好的监督作用。